지금부터 돈과 친해져 보겠습니다

사회초년생을 위한 금융 재테크 바이블

지금부터 돈과 친해져 보겠습니다

남궁엽 지음

RISE

추천사

100세 재테크 시대다. 사회에 발을 들여놓는 20대부터 중년을 거쳐 노년기까지 재테크를 통해 부를 축적하고 영위하는 삶을 꿈꾸곤 한다. 과거와 달리 재테크 수단이 다양화됐고, 재테크 정보는 차고 넘친다.

소수가 재테크를 독점하는 시대는 이미 지나갔고, 투자는 이제 대중의 영역이 됐다. 특히 2030, MZ세대 사이에선 재테크가 선택이 아닌 필수라는 인식이 자리 잡았다.

그런데 현실은 정반대다. 재테크에 성공하는 이는 드물다. 되레 잘못된 투자로 인해 빚더미에 빠지거나 '영끌', '빚투' 후유증 탓에 허리띠를 졸라매는 경우가 흔하다.

특히 감언이설에 미혹돼 투자 시작 단계에서 금전 손실을 보거나, 투자를 해보지도 못하고 소중한 투자금을 몽땅 날리는 사례도 있다.

이 책, '지금부터 돈과 친해져 보겠습니다'는 교묘한 말로 현혹하지 않는다.

이 책은 정직하고 건전한 투자지침서다. 평범한 직장인의 재테크 성공 경험을 가감 없이 담고 있다. 알뜰히 돈을 모으고, 살뜰히 지출을 관리하는 요령부터 주식, 부동산, 가상화폐 등 분야별 투자의 정석까지 알기 쉽게 설명하고 있다.

이 책은 일확천금을 노리는 사람에겐 결코 어울리지 않는다. 이 책의 지은이 역시 떼돈을 번 건 아니다. 그러나 월급쟁이로 살면서 재테크에 눈을 떠 지난 6년간 보통 직장인보다 훨씬 많은 재산을 확보했고, 그 과정에서 쌓은 노하우를 공유하기 위해 이 책을 썼다.

젊은 사회초년생들이 돈을 모으고, 돈을 불리는 데 도움이 되도록 실천적이고 현실적인 조언을 건네는 재테크 길라잡이다.

_전세원 기자, 〈문화일보〉 경제부

성공의 문을 여는 마스터키

자신을 믿어라.

지금 이룬 것이 없고,

아무것도 가지고 있지 않아도 괜찮다.

모든 부자가 처음에는 아무것도 없었다.

그러나 그들은

'부자가 될 수 있다'라는 믿음이 있었다.

"나는 부자가 되어버리도록 태어났어."

"내 운명이야."

이 말을 마음속에 되새기자.

여는 글

'누구나 쉽게 돈 버는 방법', '하루 30분 투자로 월 1천만 원'. 유튜브에서 쉽게 볼 수 있는 영상의 제목이다. 이런 유튜버들은 고급 주거지나 외제 스포츠카를 활용해 사람들의 관심을 끌며 구독자를 모은다. 또 자신만의 성공 비법으로 큰돈을 벌었는데, 그 비법을 알려주겠다며 책, 강연, 컨설팅 등을 수백만 원에 팔고 있다.

그렇다면 정말 쉽게 돈을 버는 방법이 있을까?

'진짜 부자'가 되는 방법은 있다. 하지만 이들은 자신의 이익을 위해 남을 속이는 거짓 부자들, 즉 '성공팔이'에 불과하다. 수많은 사람이 이들에게 속아 큰돈을 결제하는 등 금전적 피해를 보았다. 주로 대학생, 사회초년생, 주부들이 큰 피해를 보았다.

'성공팔이'들은 성공에 대한 갈망이 큰 경제적 약자일수록 철저하게 이용한다. 예를 들어 강의료 환불을 요청하거나 이들이 알려준 방식대로 성공하지 못하면 "노력과 열정 부족", "운이 없어서"라고 대답한다. 그런데 실제로는 가격 대비 퀄리티가 낮고, 검증이 안 된 경우가 많다.

지금 순간에도 속는 사람들과 피해자들도 속출하고 있다. 심지어 내 주변에도 있었다. 한 친구는 퇴직금으로 수백만 원 강의를 수강했으나 실패 후 자책에 빠졌다. 최근에도 친한 선배가 수천만 원 컨설팅을 받았으나 거짓이었으며, 금전 사기까지 당했다. 결국 그 여파로 건강까지 나빠져 세상을 떠났다. 나중에 이 사실을 알고 너무 가슴 아팠지만 어쩔 수 없었다.

앞서 말한 것처럼 부자가 되는 방법은 있다. 그러나 '성공팔이'의 말처럼 쉽게 돈 벌고 누구나 성공하는 방법과 공식은 없다. 아니 이 세상에 존재할 수가 없다. 내 말을 듣고 실망하거나 화가 나서 이 책을 덮으려고

하는 분도 있을 것이다.

그리나 내가 여러분에게 약속할 수 있는 건,

'재테크로 부자가 되는 방법은 확실히 있다.'

나는 지난 6년간 재테크를 통해 '1억 원 모으기'를 3번이나 성공했고, 부동산 2채를 갖게 되었다. 이러한 과정에서 내가 직접 겪은 시행착오와 경험들, 그리고 노하우를 전부 이 책에 모두 담았다. 이 책에는 '성공팔이에 대한 진실'부터 시작해서 '돈 모으기와 지출 관리', '주식 · 부동산 · 가상화폐' 등 분야별 재테크의 정석을 알려준다. 또한, 나만의 '꿀팁'과 '핵심 요약'을 통해서 독자들이 쉽게 이해하고 실행할 수 있게 구성했다.

끝으로 이 책을 펼친 여러분에게 당부할 것이 있다. 스스로 '부자가 될 수 있다'라는 확신과 믿음으로 '1억 원 모으기'에 도전하고, 재테크를 배우기 바란다. 먼저 1억 원을 모으면 부자가 될 수 있다고 확신한다.

"부자는 두려워도 행동한다. 두려움에도 불구하고 행동을 시작하라."

부자가 되는 길은 어렵다. 그 길 앞에서 망설이는 분들도 있을 것이다. 그런 모든 분이 부자가 될 수 있도록 이 책이 길잡이와 지침서가 되어줄 것이다. 재테크로 1억을 모으는 순간, 여러분의 인생은 크게 달라질 것이다.

'1억 원을 모으고 부자가 되어라!' 이제 시작한다.

남궁엽

제1장
부자로 가는 길은 따로 있다

제2장

부자가 되는 첫 번째 열쇠: 주식

제3장

부자가 되는 두 번째 열쇠: 부동산

제4장
부자가 되는 세 번째 열쇠: 가상화폐

제1장

부자로 가는 길은 따로 있다

1

성공팔이의 몰락, 진짜 부자 되기

지난 2020년, 전 세계에 불어닥친 코로나19 팬데믹(pandemic, 대유행)은 사회 · 경제 · 문화 등 다방면에 큰 위기를 주었다. 당시 사람들은 사회적 거리두기나 격리 상태로 대부분 시간을 집에서 보내며 유튜브를 시청했다. 다른 사람을 만날 수도 없고, 코로나19 확진과 사망자 뉴스에 불안에 떨던 그 우울한 시절, '성공 포르노'가 유행하기 시작했다.

성공 포르노는 이미 성공한 것 같은 착각에 빠져 인간의 도파민 체계를 망가뜨리는 현상으로, 실제 포르노를 볼 때 발생하는 증상과 유사하다고 해서 붙여진

명칭이다. 당시 불안과 두려움에 빠진 사람들에게 '누구나 성공할 수 있다'라는 영상은 성공을 꿈꾸게 하며 큰 인기를 끌었다.

이렇게 성공 포르노가 유행하자 '성공팔이(성공 장사꾼)'들이 등장하기 시작했다. 성공팔이는 돈 버는 비법과 성공하는 공식을 파는 사람이다. 이들은 자신만의 비법과 공식으로 수십억의 자산과 연봉을 이뤄냈다고 거짓말하며 '누구나 월 천만 원', '하루 30분 대기업 월급', '놀면서 돈 벌기' 등 인간의 욕망을 자극하면서 결제를 유도하는 영상을 올렸다.

그러면서 한강뷰 아파트나 롯데 시그니엘 사진, 스포츠카 영상 등을 올리며 사람들의 관심을 더욱 끌어냈다. 결국 20~30대 사회초년생, 주부, 심지어 직장인까지 이런 성공팔이에게 속아 수백만 원의 전자책, 강연, 컨설팅을 결제하고 말았다. 심지어 자신이 운영하는 사업이나 잘 다니고 있던 회사를 그만두고 '성공팔이의 공식'에 자기 인생을 올인한 사람도 있다.

지금은 많은 성공팔이가 비난을 받고 있다. 바로 가짜 콘텐츠와 거짓말 때문이다. 이들이 수백만 원에 판매한 콘텐츠는 구체적인 성공 비법이나 공식은 없고, 인터넷에서 검색하거나 책을 짜깁기했다. 또 수억 원의 연봉과 수십억 원의 자산도 거짓말이었다. 실상은 부자처럼 보이기 위해 월세로 살았고, 외제차를 렌트했다. 많은 구매자가 환불을 요청하는 상황이며, 성공팔이들은 나락으로 떨어지고 있다.

이 세상에 확실한 성공 공식이나 쉽게 돈 버는 비법은 없다. 그러나 '부자가 되는 방법'은 있다. 돈을 모으고, 투자하고, 재테크를 통해 자산을 가지는 것이다. 배당주 채권 부동산 같은 자산을 보유하면 배당, 이자 수익, 임대 수익을 준다. 그래서 일하지 않고 '경제적 자유'를 누릴 수 있다.

진정한 자유는 성공 공식이나 돈 버는 비법이 아닌 '재테크'를 통해 얻을 수 있다.

2

먼저 1억 원에 도전하라

어떤 사람들은 돈을 모으라고 말하면 이렇게 대답한다.

"지금 월급이 적어서요. 주식, 코인으로 대박 나면 돈을 모을 거예요."

'티끌 모아 태산'이란 말이 있다. 그런데 언젠가부터 '티끌 모아 티끌'로 변형돼 사용되었다. 그러나 티끌 모아 티끌이 아니라 '티끌을 모으면 목돈'이 될 수 있다. 부자가 된 사람들은 아무리 적은 푼돈이라도 정말 중요하게 생각한다.

세계 부자 7위로(2024년 3월 기준) '투자의 귀재'인 워런 버핏(Warren Buffett)은 1950년에 구입한 오래된 집에 거주하고, 2006년식 캐딜락을 몰고 매일 맥도날드에서 햄버거와 코카콜라를 먹는다. 또 월마트의 창업자인 샘 월튼(Sam Walton)은 항상 똑같은 모자를 쓰고, 오래된 픽업트럭을 직접 몰고 다녔다. 이들은 늘 '절약'과 '저축'을 강조했다.

부자가 되려면 돈을 모아야 한다. 아무리 적은 돈이라도 모으다 보면 목돈을 만들 수 있다. 그렇게 목돈을 만들면 투자를 통해 '부자가 되는 씨앗'을 뿌려야 한다.

(1) 목표를 설정하고 꿈꿔라

돈을 모으기 전, 가장 먼저 할 일은 '목표'를 세우는 것이다. 명확한 목표가 있으면 돈을 쓰고 싶어도 참을 수가 있고, 꾸준히 모을 수 있다. 목표를 정하기 위해 먼저 매달 고정적으로 쓰는 비용과 필수로 쓰는 비용을 메모지에 정리하자.

예를 들어 나는 '고정 비용'으로 월세, 관리비, 통신비, 교통비, 보험료, 대출이자, 기부금, 부모님 용돈이 있다. 또 '필수 비용'으로 식비, 경조사비, 생필품 구입비, 미용비가 있다. 월급에서 고정 비용과 필수 비용을 차감하면 '여유 금액'이 나온다.

이 여유 금액이 내가 한 달에 모을 수 있는 최대 금액이다. 따라서 여유 금액을 최대한 모을 수 있도록 방향을 설정하고, 5년 후 얼마를 모을 수 있는지 상상하자.

매달 50만 원을 모을 수 있다면 5년 후 3,000만 원, 100만 원을 모을 수 있다면 5년 후 6,000만 원, 150만 원을 모을 수 있다면 5년 후 9,000만 원을 모을 수 있다. 저축만 잘해도 3,000만 원에서 9,000만 원을 모을 수 있는 것이다. 만약 저축에 '재테크'까지 더해진다면 '1억 원'을 달성할 수 있다.

(2) 왜 1억 원을 모아야 할까?

1억 원을 모으면 '돈의 힘'을 알 수 있다. 나를 대신해 '돈(1억 원)'은 돈을 벌고, 부업을 하고, 투잡을 뛴다. 만약 1억 원을 은행에 맡기면 이자를 주기 때문에(4%, 2023년 기준) 400만 원의 이자를 받을 수 있다(매달 약 30만 원). 배당률이 5%인 배당주에 투자하면 500만 원의 배당을 받을 수 있다(매달 약 42만 원).

주거비도 크게 아낄 수 있다. 2023년 기준 서울의 평균 원룸 전세와 월세는 각각 1억 2,757만 원, 60만 3,000원이다. 1억에 조금만 보태면 매달 약 60만 원 이상의 주거비를 아낄 수 있다. 이렇게 1억 원이란 돈은 어떻게 보면 크지 않지만, 절대로 작지 않은 액수다. 1억 원은 돈의 힘을 깨닫게 해준다. 즉 1억 원은 모아야 '부자'를 체감할 수 있다.

그렇다면 '1억 원'을 모은 후 저축과 재테크를 하면 어떻게 될까? 내가 돈을 모으는 동시에 '1억 원'도 돈을 벌고 있다. 0원에서 1억 원을 모으는 것보다, 1억 원을 갖고 2억~3억 원을 모으는 게 훨씬 쉽다.

1억 원을 모은다는 의미는 '부자로 가는 길'에 올라서는 것이다. 부자가 되기 위해 먼저 1억 원에 도전해야 한다.

3

돈을 모으는 3가지 방법

1억 원을 목표로 세웠다면 차근차근 돈을 모아야 한다. 단순히 저축하는 것보다 다음 3가지 방법으로 나눠서 돈을 모으면 더욱 빨리 모을 수 있다.

돈을 모으는 방법 3가지에 대해 알아보겠다.

1) 고금리 예적금에 가입하기

고금리 예적금 상품에 가입하면 높은 이자를 받을 수 있다. 일반 시중은행(국민, 신한, 하나, 우리은행 등)보다 저축은행, 새마을금고, 신협, 농·축협, 우체국 같은 '2금융권'에서 가입하는 것을 추천한다. 왜냐하면, 시중은행처럼 최대 5천만 원까지 예금자 보호[1]를 받을 수 있으며, 두 배 이상의 높은 금리를 제공하기 때문이다.

2023년 말 기준, 시중은행은 2~3%의 이자를 주는 반면에 저축은행, 새마을금고, 신협 등 2금융권에서는 4~6%의 이자를 주었다. 따라서 금리가 2배 이상 차이가 나기 때문에 이자도 2배로 주고 돈을 2배로 빨리 모을 수 있다.

또는 특별한 시기나 이벤트 기간에 고금리를 주는 특판 예적금에 가입할 수도 있다. 특판 상품은 10% 이상 이자를 주는 상품도 있다. 조금만 시간을 들여 매달 검색을 해보면 쉽게 특판 예적금 상품을 찾을 수 있을 것이다.

마지막으로 정부에서 운영하는 예적금 상품을 꼭 챙

1. 예금자 보호 : 금융기관이 파산하거나 가입자에게 지급하지 못할 때 공공기관인 예금보험공사에서 최대 5천만 원까지 무조건 돌려주는 제도이다.

겨야 한다. 금리 6%에 기여금까지 주는 '청년도약계좌', 금리 4.5%에 청약 당첨 시 분양가 80%까지 2.2% 저금리로 대출을 받을 수 있는 '청년주택드림청약통장' 등, 정말 좋은 정부 예적금 상품도 많이 있다.

2) S&P 500, 나스닥 100 ETF 모으기

미국에는 한국의 코스피, 코스닥 주가종합지수처럼 S&P 500과 나스닥 100 주가종합지수가 있다. 'S&P 500'은 미국 상위 500개 기업으로 만든 주가지수이고, '나스닥 100'은 미국 상위 IT 기업 100개로 만든 주가지수이다.

매달 S&P 500과 나스닥 100 ETF를 구매하라. 왜냐하면, S&P 500과 나스닥 100 ETF는 지난 30년간 평균 7%의 수익률을 보여주었기 때문이다. 전 세계에서 가장 국력이 강하고 자본주의가 발달한 미국의 주가종합지수는 장기적으로 매우 안전하다.

ETF를 모으는 방법에는 두 가지가 있다.

(1) 해외주식 계좌로 미국 ETF 모으기

국내 증권사에서 해외주식 계좌를 만들고 ETF를 구매할 수 있다. 다양한 ETF가 있지만, S&P 500은 SPY ETF를, 나스닥 100은 QQQ ETF를 추천한다. SPY ETF와 QQQ ETF는 ETF 중 가장 유명한 ETF로 오랫동안 안전하게 운영되었으며, ETF 운용액 1위를 달성하고 있다.

ETF 구매를 위해서는 달러로 환전해야 한다. 증권사 앱을 통해 손쉽게 환전할 수 있다. 환전하다 보면 환율이나 환전 수수료로 손해 본다고 생각할 수 있다. 그러나 3년 이상 매달 꾸준히 ETF를 모은다면 환율로 손해를 보는 일은 없다. 환율은 3~4년 주기로 움직이므로 환율이 낮을 때도 환전하고, 높을 때도 환전하여 ETF를 모은다면 '평균 환율'은 낮아지기 때문이다.

또한, 미국 ETF를 모으면 세계에서 가장 강력한 화폐인 달러를 모을 수 있다. 미국 달러는 세계가 위험하거나 경제가 어려울 때 가격이 올라가는 안전자산이다.

나중에 돈이 필요할 때 모아 놓은 미국 ETF를 팔고, 환율이 올랐을 때 갖고 있는 달러를 팔면 큰 환차익을 얻을 수도 있다.

그러나 환전이 귀찮고 어렵거나 환율로 인해 손해를 보는 것이 싫다면, 국내 자산운용사에서 만든 미국 ETF를 모을 수도 있다. 국내 운용사는 S&P 500과 나스닥 100 주가종합지수에 따라 직접 ETF를 만들어 판매하고 있다.

(2) 국내주식 계좌로 미국 ETF 모으기

국내주식 계좌로 국내 운용사의 S&P 500과 나스닥 100 ETF에 투자할 수 있다. 많은 ETF가 있지만, S&P 500은 TIGER 미국 S&P500과 KODEX 미국 S&P500을, 나스닥 100은 TIGER 미국나스닥100과 KODEX 미국나스닥100을 추천한다. TIGER는 미래에셋 그룹의 미래에셋자산운용에서, KODEX는 삼성그룹의 삼성자산운용에서 만든 ETF이며, 국내 ETF에서 1, 2위를 기록하고 있다.

처음 증권사를 이용하거나 거래하는 고객에게 증권사에서는 다양한 이벤트를 진행하고 있다. 주식 쿠폰, 현금 지원, 달러 증정, 사은품 증정 등 다양한 혜택을 제공한다. S&P 500과 나스닥 100 ETF 모으기를 시작하면서 이러한 이벤트도 놓치지 말고 꼭 참여하기를 바란다.

3) 비트코인 모으기

"비트코인은 위험하잖아요. 사기 아닌가요?" 비트코인에 투자하라고 권하면 이렇게 대답하는 분들이 많다. 그러나 2024년 2월, 미국 정부는 비트코인 ETF를 미국 금융상품으로 승인하였다. 비트코인 ETF를 미국 금융상품으로 승인한다는 의미는 비트코인을 합리적이고 합법적인 투자 자산으로 인정한다는 것이다.

또한, 비트코인은 지난 13년 동안 가격으로 그 가치를 증명해왔다. 2009년 처음 등장한 이후 2013년에는 10만 원에 거래됐으나, 2024년 3월 기준 1억 원을 기록하였다. 불과 10년 만에 비트코인은 1,000배 이상 상승했다. 비트코인이 3년을 주기로 하락과 상승을 반복했지만, 가격은 꾸준히 상승했다.

비트코인을 모으려면 가상화폐 거래소(업비트, 빗썸, 코빗, 코인원)에서 비트코인을 구매해야 한다. 먼저 가상화폐 거래소와 제휴된 은행에 계좌를 만들어야 거래소를 이용할 수 있다. 업비트는 케이뱅크, 빗썸은 농협은행, 코빗은 신한은행, 코인원은 카카오뱅크를 제휴은행으로 두고 있다.

비트코인 구매는 **[제휴은행 계좌 개설 → 가상화폐 거래소 가입 → 제휴은행 계좌와 거래소 연동 → 거래소 입금 → 비트코인 구매]** 순으로 이루어진다. 가상화폐 거래소에서는 거래소 가입과 제휴은행 계좌 연동 시 현금을 지원하는 이벤트를 진행하고 있다. 비트코인 모으기를 시작할 때 꼭 참여해서 현금 지원금도 받기를 추천한다.

◇

지금까지 매달 예적금, 미국 ETF, 비트코인으로 돈을 모아야 한다는 것을 배웠다. 그렇다면 각각 어느 정도 비율로 모아야 할까?

'예적금 55%, 미국 ETF 30%, 비트코인 15%'로 모으는 것이 좋다.

예를 들어 매달 여유자금이 100만 원이라면 예적금에 55만 원, 미국 ETF에 30만 원, 비트코인에 15만 원을 투자하는 것이다.

이러한 비율은 전설적인 투자자 레이 달리오(Ray Dalio)의 '올웨더 포트폴리오(All Weather Portfolio)'를 적용한 것이다. 올웨더 포트폴리오는 시장 상황이 좋을 때나 나쁠 때나 항상 7%의 수익률을 거두는 포트폴리오다. 즉 모든 경제 상황에 대응할 수 있는 안정적인 포트폴리오인 것이다.

여유자금 절반 이상인 55%를 예적금으로 모으기 때문에 매우 안전하게 돈을 모을 수 있다. 동시에 미국 ETF 30%로 적당한 수익률을, 비트코인 15%로 높은 수익률을 추구할 수 있다. 지난 30년간 이러한 비율로 모으면 평균 7%의 수익률을 기록한다. 7%는 투자 후 10년이 지나면 원금의 2배가 될 수 있을 정도의 높은 수익률이다[2].

목표를 세우고 달성하는 것은 어렵다. 그러나 몇 달만 지나면 조금씩 목표를 향해 다가가고 있는 자신을 볼 수 있다. 그렇게 몇 년만 지나면 목표를 달성할 수 있다.

---

2. '72의 법칙'에 따라 수익률로 72를 나누면, 원금이 2배가 되는 시간을 알 수 있다. 즉 72를 7로 나누면 10.3이 나오며, 7% 수익률로 약 10년이 지나면 원금이 2배가 된다.

4

돈 모으기에 지출 관리를 더하라

앞에서 '돈 모으기'를 배웠다면, 이제 '지출 관리'에 대해 설명하겠다. 아무리 돈을 많이 모아도 제대로 지출 관리를 못 하면 돈을 다 써버릴 수 있다. 지출 관리란 돈을 어떻게 쓰는지 기록하고, 관리하며, 충동적인 지출은 자제하고 합리적으로 소비하는 것이다. 따라서 돈 모으기도 중요하지만, '지출 관리' 역시 매우 중요하다.

지출 관리에 필요한 두 가지를 설명하겠다.

1) 가계부 작성하기

먼저 '가계부'를 작성해야 한다. 가계부라고 해서 거창하고 복잡하게 생각할 필요는 없다. 어렸을 때 용돈기입장을 썼던 것처럼 가계부에 지출을 기록하면 된다. 대개 일주일이나 한 달마다 정기적으로 지출 내용을 가계부에 정리하라. 나는 평상시에는 2주마다, 바쁠 때는 한 달마다 가계부를 꾸준히 작성하고 있다.

가계부 작성은 직접 수기로 하거나 엑셀, 워드 등 문서 활용, 또는 스마트폰 앱으로 작성할 수 있다. 각자 자신에게 편한 것을 선택하되, 중요한 것은 포기하지 않고 꾸준히 가계부를 작성하는 것이다.

다음은 가계부 작성에 필요한 노하우와 꿀팁이다.

[illegible]	[illegible]	[illegible]	[illegible]	[illegible]	[illegible]
2023.11.8.	생활용 구입비	롯데마트	25,000	체크카드	하나은행
2023.11.8.	간식비(술/커피/군것질)	cu	2,180	체크카드	하나은행
2023.11.8.	식비	학식	5,000	체크카드	하나은행
2023.11.9.	간식비(술/커피/군것질)	이마트24	6,800	체크카드	하나은행
2023.11.8.	생활용 구입비	굿데이유통	13,800	체크카드	하나은행
2023.11.8.	생활용 구입비	다이소	5,000	체크카드	하나은행
2023.11.11.	기타	편의점	7,700	체크카드	하나은행
2023.11.12.	가전/가구	보조배터리	20,000	체크카드	하나은행
2023.11.12.	간식비(술/커피/군것질)	을지로	9,700	체크카드	하나은행
2023.11.13.	생활용 구입비	이마트24	43,000	체크카드	하나은행
2023.11.13.	교육비(어린이집/학원)	YES24	31,300	체크카드	하나은행
2023.11.14.	간식비(술/커피/군것질)	생일케이크	4,500	체크카드	하나은행
2023.11.14.	기타	사진촬영(홈체크)	250,000	체크카드	하나은행
2023.11.15.	간식비(술/커피/군것질)	스타벅스	5,600	체크카드	하나은행
2023.11.16.	식비	아구찜	41,000	체크카드	하나은행
2023.11.18.	식비	짬뽕	10,000	체크카드	하나은행
2023.11.18.	간식비(술/커피/군것질)	편의점	4,000	체크카드	하나은행
2023.11.19.	간식비(술/커피/군것질)	커피	3,000	체크카드	하나은행
2023.11.20.	생활용 구입비	생수	16,900	체크카드	하나은행

(1) 가계부 작성을 깜빡했다면 지금이라도 쓰자

가계부를 쓰기로 다짐했지만, 쓰지 못할 수도 있다. 그러나 작성하지 못했다고 스트레스를 받거나 자책하면 아예 가계부 작성을 포기하게 된다. 바쁘거나 깜빡해서 가계부를 작성하지 못했다면 '지금'이라도 쓰면 된다. 부담 없이 가벼운 마음으로 가계부를 쓰는 것이 중요하다.

(2) 어쩔 수 없는 지출이라면 너그럽게 받아들이자

매달 월세는 내야 한다. 또 명절이나 기념일에는 가족 선물을 사고 부모님 용돈도 드려야 한다. 이렇게 어쩔 수 없이 지출하는 비용들이 있다. 이런 '필수 비용'은 줄이려고 노력해도 줄일 수 없기에 스트레스만 받게 된다. 그러니 필수 불가결(必須不可缺)한 지출은 너그럽게 받아들이자. 대신 충동적이고 불필요한 지출을 줄이려고 집중하면 된다.

(3) 반성하되 자책하거나 좌절하지 말자

가계부를 쓰고 천천히 확인하다 보면 '이렇게 낭비하고 있었구나', '이렇게 충동적으로 사용했구나'라고 자책할 수 있다. 누구나 실수할 수 있고, 잘못할 수 있다. 중요한 것은 실수를 반복하지 않고 개선하는 일이다.

설령 반성했더라도 사람은 똑같은 실수를 반복할 수도 있다. 다음부터 그러한 실수를 조금씩 줄여나가고 개선하는 것에 집중해야 한다. 절대로 자기 자신을 비난하거나 자책하지 말자.

2) 소비 조절하기

지출 관리를 위한 두 번째는 '소비 조절'이다. 소비를 조절하면 많은 돈을 아낄 수 있다. 소비를 조절할 때는 자신의 의지나 마음가짐도 중요하지만, 애초에 소비를 조절할 수밖에 없는 환경을 만드는 것이 중요하다.

(1) 신용카드 말고 체크카드 이용하기

돈을 쓸 때 신용카드가 아닌 '체크카드'를 사용하자.

글로벌 비즈니스 리서치 회사인 '던앤브래드스트리

트'의 보고서에 따르면 **「신용카드를 쓰면 체크카드나 현금을 사용하는 것보다 약 12~18% 더 지출한다」**라고 한다. 즉 신용카드는 얼마나 쓰는지 알 수가 없어서 많이 쓰게 되지만, 체크카드는 잔고에 맞춰서 쓰기에 소비를 조절하는 효과가 있다.

세금 측면에서도 체크카드를 쓰는 게 좋다. 연말정산 시 현금과 체크카드는 소득공제율이 30%로 높지만, 신용카드는 소득공제율이 15%로 낮다. 소득공제율이 높은 체크카드를 쓰면 세금 환급을 받을 수 있다[3].

(2) 불필요한 비용 절약하기

절약할 수 있는 비용으로 '통신비, 보험료, 교통비, 자동차, 반려동물, 주거비' 등이 있다. 통신비는 알뜰폰을 사용하면 50% 이상 줄일 수 있다. 보험료는 실손, 암보험 같은 필수 보험만 가입하고, 종신, CI, 운전자, 변액보험 등 불필요한 보험은 가입하지 않는 게 좋다.

---

3. 연말정산 시 소득공제와 세액공제를 잘 챙기면 세금을 환급받을 수 있다.

교통비는 버스나 지하철 같은 대중교통을 타고, 택시는 최대한 이용을 자제하자. 자동차와 반려동물은 예상보다 많은 지출이 생긴다. 자동차는 할부금, 보험료, 관리비, 자동차세 등이며, 반려동물은 의료비, 사료비, 간식비, 미용비, 애견호텔비를 매년 지출해야 한다. 그러니 꼭 필요한 경우가 아니라면 구매하지 않는 게 좋다.

(3) 정부 지원제도 이용하기

주거비와 생활비는 정부, 또는 지방자치단체의 제도를 이용하면 비용을 크게 절약할 수 있다. 한국토지주택공사(LH)의 청년주택, 서울시의 청년 월세 지원, 경기도시공사의 청년임대주택 등 주거 지원제도를 이용하면 주거비를 아낄 수 있다.

또한, 정부와 각 지방자치단체에서는 교통비, 문화비, 자기계발비 등을 지원한다. 예를 들어 서울시는 청년 대중교통비 지원, 임차보증금 이자 지원, 1인 가구 이사비용 지원, 청년수당 등 많은 지원제도가 있다. 자신이 사는 지방자치단체의 홈페이지에서 지원제도를 찾아보고 꼭 이용하기를 바란다[4].

4. '청년'은 해당 공고일 기준 18~39세 이하여야 한다.

5

날개를 달아주는 재테크

돈을 모으고 지출만 관리해도 1억 원은 충분히 모을 수 있다. 하지만 1억 원에서 멈추지 말고, 2억, 3억, 그리고 그 이상을 바라본다면 '재테크'를 꼭 배워야 한다. 재테크는 여러분이 부자가 되는데 날개가 되어줄 것이다.

재테크를 배워야 하는 두 가지 이유를 설명하겠다.

(1) 돈을 지킬 수 있다

재테크를 알아야 돈을 지킬 수 있다. 주변을 보면 작전주, 기획부동산, 지역주택조합, 지식산업센터에 잘못 투자하여 어렵게 모은 목돈을 잃어버리는 일이 많다.

또 재테크를 잘 모르면 성공팔이, 인플루언서, 분양대행사의 그럴듯한 말들에 속아 넘어갈 수도 있다.

특히 아직 세상 물정을 모르는 사회초년생들은 부동산이 계속 오를 거라는 인플루언서의 말을 믿고 영혼까지 끌어모아 투자한다. 하지만 아파트값은 계속 떨어지고 계속 금리가 올라 버티지 못해 투자한 아파트가 경매에 넘어가는 일이 많다. 만약 재테크를 안다면 사기당하거나 거짓말에 현혹되는 등 사리 분별을 하지 못하는 일이 없을 것이다.

(2) 돈을 굴릴 수 있다

재테크는 노동 소득이 아니라 '자본 소득'을 벌 수 있게 한다. 즉 내가 일하지 않아도, 내 시간을 쓰지 않아도 돈을 벌 수 있다는 것이다. '자본 소득을 벌 수 있느냐, 없느냐'에 따라 부자가 될 수 있는지, 없는지가 결정된다.

진정한 부자는 돈만 많은 졸부가 아니라 돈도 많지만, 시간도 많고 '여유로운' 사람이다. 시간과 여유는 재테크를 통해 자산을 구축하고, 자본 소득이 들어오는 사람에게 주어진다.

패시브 인컴(Passive Income, 수동 소득)이 들어오는 다양한 파이프라인(Pipeline, 돈이 들어와 이동시키는 시스템)을 구축하여 진정한 경제적 자유를 얻자. 재테크에는 '주식, 부동산, 가상화폐'가 있다. 다음 챕터부터 주식, 부동산, 가상화폐에 대하여 하나씩 배워보겠다.

여러분이 부자가 되는 과정에서 '재테크'가 날개가 되어줄 것이라고 확신한다.

성공의 문을 여는 마스터키

부자가 되고 싶은가?

부자를 좋아하고 사랑하라.

그리고 의식적으로

부자처럼 생각하고 움직여야 한다.

당신의 생각대로

당신의 삶이 결정된다.

부자들을 질투하고 미워할수록

부자가 될 가능성은 계속 낮아진다.

부자를 긍정하라.

친구처럼 가족처럼

따뜻하게 바라보라.

그리고 부자가 되어라.

제2장

부자가 되는 첫 번째 열쇠: 주식

1

주식투자의 기본 배우기

주식은 회사의 소유권을 여러 개로 나누어 놓은 증서[5]다. 주식을 가진 사람을 '주주'라고 부르고, 주식을 많이 가진 사람은 '대주주', 적게 가진 사람은 '소액주주'라고 한다. 주식은 회사의 소유권이기에 주주를 '회사의 주인'으로 볼 수 있다.

주식은 기업과 투자자 모두에게 좋은 제도다. 기업은 주식을 발행하여 자금을 조달할 수 있으며, 이렇게 모은 자금으로 기존 사업을 강화하고 새로운 사업에 진

5. 증서란 권리, 의무, 사슬 등을 증명하는 서류이며, 증권이란 재산에 대한 권리를 나타내는 문서이다.

출하여 더욱 성장할 수 있다. 투자자는 돈을 투자하고 주식을 받을 수 있다. 주주로서 권리를 행사할 수 있으며, 주식으로 돈을 벌 수도 있다. 즉 기업과 투자자 모두 윈윈(Win-Win)인 것이다.

1) 배당금과 매매차익까지, 돈이 돈을 번다

주식으로 돈을 버는 방법에는 두 가지가 있다.

첫 번째는 '배당'이다. 배당이란 기업이 사업으로 거둔 이익을 주주에게 나눠주는 것이다. 예로 코카콜라, 존슨앤드존슨, 맥도날드 같은 주식을 갖고 있으면 배당을 받을 수 있다.

두 번째는 '매매차익'이다. 저렴할 때 주식을 구매하고 비쌀 때 팔아 수익을 거둘 수 있다. 5천만 원까지 세금이 없어서 주식 투자를 잘하면 큰돈을 벌 수 있다.

이렇게 주식은 '배당'과 '매매차익'을 거둘 수 있어서 대표적인 '자본소득' 투자처 중에 하나다. 내가 일하지 않아도 주식이 돈을 벌어주기 때문이다.

따라서 부자가 되기 위해서는 주식에 대해 반드시 알아야 한다.

주식을 시작하려면 먼저 계좌를 개설해야 한다. 증권사 지점이나 어플리케이션을 통해 계좌를 간편하게 개설할 수 있다. 계좌 개설까지 일반적으로 5분 내외 시간이 소요되며, 개인 확인과 인증을 위해 신분증과 스마트폰이 필요하다.

각 증권사에서는 신규고객을 모집하기 위해 계좌개설 이벤트를 진행한다. 거래 수수료 무료, 주식 지원금 등 다양한 혜택을 제공하고 있으니 이 부분을 챙기기 바란다.

계좌 개설을 했다면 주식 시작에 앞서 '주식 기본용어'를 알아보자.

2) 주식의 기본용어 익히기

주식은 회사의 소유권을 여러 개로 나누어 놓은 증명서류다.

주주는 주식을 가진 투자자로, 주식을 많이 보유한 투자자를 대주주, 적게 보유하면 소액주주라고 한다.

시가총액은 '주식수 X 주식가격'을 의미하며, 시가총액이 클수록 회사 규모가 크다.

외국인 비율은 투자자 중 외국인 비율을 의미하며, 높을수록 외국인 투자자가 많다.

PER은 '주가수익비율'이라고 부르며, 주가(주식가격)가 회사 이익보다 저렴한지 비싼지 알려 준다. 산업의 PER과 기업의 PER을 비교해서 주가의 저평가 고평가 여부를 알 수 있다. 예를 들어, 현대 건설의 PER은 6.86이다. 그러나 건설업의 PER은 35.62이므로 현대 건설의 주가가 건설업보다 저평가되었다고 볼 수 있다.

$$\text{PER} = \frac{\text{주가}}{\text{주식당 순이익}} = \frac{\text{주가}}{\frac{\text{당기순이익}}{\text{주식수}}}$$

PER: 주가가 이익(회사가 벌고 있는 돈)보다 높은지 낮은지 보여주는 비율

→ 주가가 저평가, 고평가되어있는지 보여줌

EPS는 '주당 순이익'이다. EPS가 높을수록 기업이 사업으로 돈을 잘 벌고 있다고 이해할 수 있다.

$$EPS = \frac{\text{당기순이익}}{\text{주식수}} = \text{주당순이익}$$

EPS: 주식 1개당 회사의 이익
→ 높을수록 돈을 잘 벌고 있다

BPS는 '주당순자산'이다. BPS가 높을수록 기업의 부채가 없고 자산이 많다는 뜻이다. BPS로 기업이 재정적으로 튼튼하고 건전한지 알 수 있다.

$$BPS = \frac{\text{자산-부채}}{\text{주식수}} = \text{주당순자산}$$

BPS: 주식 1개당 회사의 순자산이 얼마있는지

→ BPS가 높을수록 회사가 건전하고 튼튼하다
(빚없이 순수한 회사의 자산이 많다)

PBR은 '주가순자산비율'이며, 주가가 회사 순자산보다 높은지 낮은지 보여주는 비율이다. 1보다 높으면 순자산보다 주가가 비싸고, 1보다 낮으면 순자산보다 주가가 싸다는 뜻이다.

$$PBR = \frac{\text{주가}}{\text{주당순자산}} = \frac{\text{주가}}{\frac{\text{자산-부채}}{\text{주식수}}}$$

PBR: 주식가격이 회사의 순자산(자산-부채)보다 높은지 낮은지 평가하는 비율

→ 1보다 크면 회사 순자산보다 주가가 비싸다
1보다 작으면 회사 순자산보다 주가가 싸다

지금까지 기본적인 주식용어를 배웠다. 그러면 실전 사례를 두고 바로 연습하자.

전일	688,000	시가	702,000	고가	748,000	저가	696,000
거래량	505,405	대금	407,082백만	시총	19조 4,116억	외인소진율	9.63%
52주 최고	1,539,000	52주 최저	102,700	PER	315.99배	EPS	2,307원
추정PER	N/A	추정EPS	N/A	PBR	13.75배	BPS	53,036원
배당수익률	0.07%	주당배당금	486원				

다음은 '에코프로'라는 기업의 주식이다. 먼저 주가는 729,000원이며 오늘 5.96%가 상승했다. 시가총액(주식수 X 주식가격)은 19조 4,116억 원으로 규모가 엄청나게 큰 대기업이다.

투자자 중 외국인 비율은 9.63%이며, PER(주가수익비율)은 315.99배로 주가가 이익보다 높다고 볼 수 있고(고평가), EPS(주당 순이익)가 2,307원으로 주당 2,307원을 벌고 있다.

BPS(주당 순자산)는 53,036원으로 1주당 순자산이 53,036원이다. PBR은 13.75배로 1을 넘기 때문에 회사의 순자산보다 주가가 비싸다고 볼 수 있다.

2

주식 분석과 기업 선택하기

주식 투자를 성공하기 위해서는 '좋은 기업'을 선택해야 한다. 좋은 기업에 투자하면 배당도 받을 수 있고, 주식가격도 상승하기 때문이다. 그렇다면 투자할 기업이 좋은 기업인지 나쁜 기업인지 어떻게 알 수 있을까? 바로 주식을 분석하여 좋은 기업과 나쁜 기업을 구분할 수 있다. 즉, 주식 분석이 주식 투자의 성공을 좌우한다.

주식을 분석한다고 하니까 어렵고 복잡하게 느껴질 수 있다. 그럴 필요 없다. 우리가 자주 사용하는 '네이버'를 활용해 주식을 간단하게 분석하는 방법을 배워보자.

1) 네이버 증권으로 주식 분석하기

네이버 증권[finance.naver.com]은 대한민국 1위 검색 사이트인 네이버에서 제공하는 주식 사이트다. 네이버 증권에 접속하면 상단에 주식을 검색할 수 있는 창이 있다. 여기에 투자하고 싶은 기업을 검색하며 시작한다.

예를 들어 '삼성전자'를 분석해보겠다.

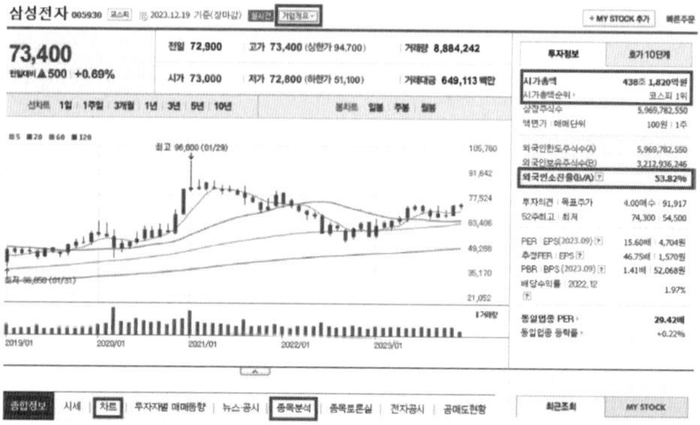

[기업개요]에 마우스를 가져가면, '기업 설명'이 나오는데 이를 통해 어떤 사업을 하는 회사인지 알 수 있다. 그다음 오른쪽 투자정보를 확인하자. '시가총액'은 회사 규모를 나타내는데, 삼성전자는 시가총액이 438조로 대한민국에서 1위로 가장 큰 기업임을 알 수 있다.

'외국인소진율'은 외국인이 삼성전자를 얼마나 보유하고 있는지 보여주는 수치다. 현재 외국인이 53.8%를 가지고 있다. 기업이 좋으면 외국인들의 투자가 많다. 삼성전자는 세계적인 기업으로 외국인 투자자의 비율이 높다.

기업실적분석 더보기›

주요재무정보	최근 연간 실적				최근 분기 실적					
	2020.12	2021.12	2022.12	2023.12 (E)	2022.09	2022.12	2023.03	2023.06	2023.09	2023.12 (E)
	IFRS 연결	IFRS 연결	IFRS 연결	IFRS 연결	IFRS 연결	IFRS 연결	IFRS 연결	IFRS 연결	IFRS 연결	IFRS 연결
매출액(억원)	2,368,070	2,796,048	3,022,314	2,608,101	767,817	704,646	637,454	600,055	674,047	696,637
영업이익(억원)	359,939	516,339	433,766	73,136	108,520	43,061	6,402	6,685	24,335	35,650
당기순이익(억원)	264,078	399,074	556,541	112,953	93,892	238,414	15,746	17,236	58,442	47,237
영업이익률(%)	15.20	18.47	14.35	2.80	14.13	6.11	1.00	1.11	3.61	5.12
순이익률(%)	11.15	14.27	18.41	4.33	12.23	33.84	2.47	2.87	8.67	6.78
ROE(%)	9.98	13.92	17.07	3.06	13.42	17.07	13.71	10.66	9.27	
부채비율(%)	37.07	39.92	26.41		36.35	26.41	26.21	24.80	24.89	
당좌비율(%)	214.82	196.75	211.68		226.19	211.68	210.35	209.73	205.30	
유보율(%)	30,692.79	33,143.62	38,144.29		35,798.23	38,144.29	38,025.67	38,184.87	38,609.91	
EPS(원)	3,841	5,777	8,057	1,570	1,346	3,460	206	228	810	515
PER(배)	21.09	13.55	6.86	46.43	8.61	6.86	9.66	13.78	14.54	141.54
BPS(원)	39,406	43,611	50,817	51,657	49,387	50,817	51,529	51,385	52,068	51,657
PBR(배)	2.06	1.80	1.09	1.41	1.08	1.09	1.24	1.41	1.31	1.41

실적의 상승, 또는 하락 체크하기

스크롤을 내리다 보면 [기업실적분석]을 확인할 수 있다. 여기서 확인할 부분은 '매출액, 영업이익, 당기순이익, 영업이익률'이다. 먼저 매출액, 영업이익, 당기순이익이 증가하고 있는지 체크하자. 삼성전자는 2022년도 최고점을 찍고, 2023년에는 매출액, 영업이익, 당기순이익이 감소했다. 다행히도 최근 실적에서 조금씩 회복하고 있다. 2023년에는 영업이익률이 많이 감소했다.

다음으로 [종목분석] 메뉴로 이동하자.

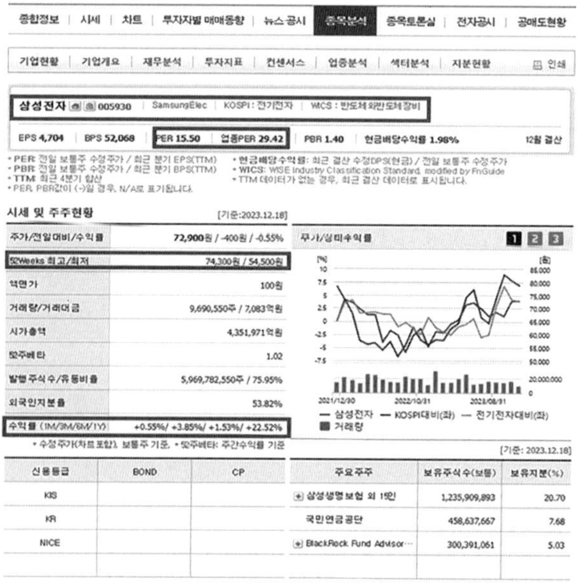

주가수익비율(PER)과 최근 주식가격 및 수익률

삼성전자 PER과 업종 PER을 확인할 수 있다. 업종 PER보다 기업의 PER이 높은지 낮은지 확인하자. PER은 주가수익비율로 얼마나 주가가 고평가되어 있는지 확인하는 수치다. 기업의 PER이 업종 PER보다 높으면, 주가가 고평가되어 있고 비싸다는 의미다.

[시세 및 주주현황]에서는 52주(1년) 동안 주식의 최고 가격과 최저 가격을 확인할 수 있다. 또한, 수익률을 통해 한 달, 석 달, 반년, 일 년 동안 주식이 얼마나 상승했는지 알 수 있다.

2) 어닝 서프라이즈

어닝 서프라이즈(Earnings Surprise)는 기업이 발표하는 분기나 연간 실적이 시장의 예상을 상회, 또는 하회하는 것을 말한다. 이것은 주식시장에서 매우 중요한 지표 중 하나이다. 만약 기업의 실적이 예상을 초과하면 긍정적인 어닝 서프라이즈로, 예상에 미달하면 부정적인 어닝 쇼크로 표시한다.

이어서 다음의 표를 보며 설명하겠다.

기업개요 [기준:2023.12.18]

- 한국 및 DX부문 해외 9개 지역총괄과 DS부문 해외 5개 지역총괄, SDC, Harman 등 233개의 종속기업으로 구성된 글로벌 전자기업임.
- 세트사업은 TV를 비롯 모니터, 냉장고, 세탁기, 에어컨, 스마트폰, 네트워크시스템, 컴퓨터 등을 생산하는 DX부문이 있음.
- 부품 사업에는 DRAM, NAND Flash, 모바일AP 등의 제품을 생산하고 있는 DS 부문과 중소형OLED 등의 디스플레이 패널을 생산하고 있는 SDC가 있음.

펀더멘털

주요지표	2022/12(A)	2023/12(E)
PER	9.05	46.43
PBR	1.43	1.41
PCR	7.96	9.52
EV/EBITDA	4.59	8.21
EPS	8,057원	1,570원
BPS	50,817원	51,657원
EBITDA	824,842.9억원	478,005.0억원
현금DPS	1,444원	1,508원
현금배당수익률	1.98%	2.07%
회계기준	연결	연결

어닝서프라이즈 • 단위: 억원, %

재무연월		2023/06	2023/09
영업이익	컨센서스	2,713.8	20,421.0
	잠정치	6,000.0	24,000.0
	Surprise	121.09	17.53
	전년동기대비	-95.74	-77.88
당기순이익	컨센서스	7,603.0	21,272.2
	잠정치	• 15,470.0	• 55,013.0
	Surprise	103.47	158.61
	전년동기대비	-85.88	-39.84
잠정치발표(예정)일/회계기준		2023/07/07(연결)	2023/10/11(연결)

[기업개요]를 간단하게 다시 읽으며 어떤 기업인지 파악한다. [펀더멘털]에서는 '어닝서프라이즈'를 확인하자. 어닝서프라이즈는 예상 실적보다 수치가 높게 나오면 '서프라이즈(Surprise)'라고 부르고, 낮게 나오면 '쇼크(Shock)'라고 표현한다.

'영업이익'과 '당기순이익'이 Surprise인지, Shock인지 확인하자. 예상 실적보다 더 높게 나오는 Surprise로 나오는 게 좋다.

스크롤을 더 내리면 증권사에서 예상하는 주식의 목표가격을 확인할 수 있다.

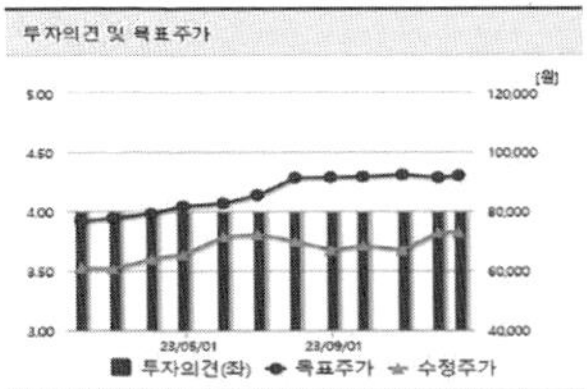

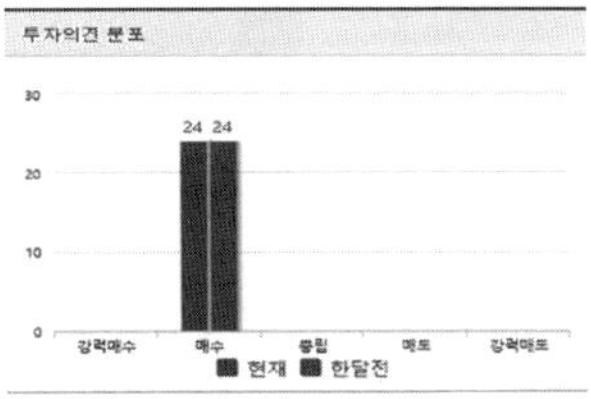

제공처	최종일자	목표가	직전목표가	변동률(%)	투자의견	직전투자의견
BNK투자	23/12/12	82,000	82,000	0.00	매수	매수
키움	23/12/08	90,000	90,000	0.00	BUY	BUY
현대차	23/12/05	89,000	87,000	2.30	BUY	BUY

* 컨센서스 : 최근 3개월간 증권사에서 발표한 추정치의 평균

추정실적 컨센서스

주재무제표 검색

연간 분기

재무년월	매출액(억원, %)		영업이익 (억원, %)	당기순이익 (억원, %)	EPS (원)	PER (배)	PBR (배)	ROE (%)	EV/EBITDA (배)	순부채비율 (%)	주재무제표
	금액	YoY									
2020(A)	2,368,070	2.78	359,939	260,908	3,841	21.09	2.06	9.98	6.63	-37.85	IFRS연결
2021(A)	2,796,048	18.07	516,339	392,438	5,777	13.55	1.80	13.92	4.89	-34.69	IFRS연결
2022(A)	3,022,314	8.09	433,766	547,300	8,057	6.86	1.09	17.07	3.23	-29.57	IFRS연결
2023(E)	2,608,101	-13.71	73,136	106,652	1,570	46.43	1.41	3.06	8.21	-25.29	IFRS연결
2024(E)	3,009,514	15.39	339,496	287,594	4,234	17.22	1.33	7.96	5.02	-25.55	IFRS연결

현재 삼성전자의 주식가격은 73,400원인데 목표주가는 82,000~90,000원으로 나와 있다. 증권사에서는 삼성전자 주식가격 상승을 예측한다. 이렇게 증권사의 목표가격과 추정실적을 체크하자.

다음은 주식의 흐름과 차트를 확인해야 한다. 네이버 증권에서 [차트] 메뉴로 들어가면 월별, 주별, 일별 주가를 확인할 수 있으니 주식가격의 큰 흐름을 살펴봐야 한다.

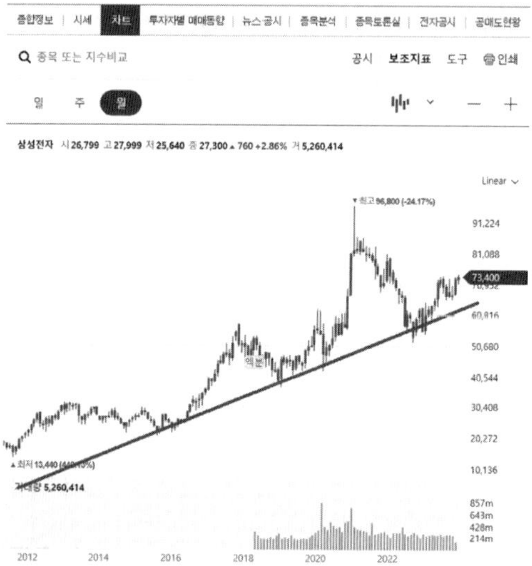
종합정보
시세
차트
투자자별 매매동향
뉴스공시
종목분석
종목토론실
전자공시
공매도현황
종목 또는 지수비교
공시
보조지표
도구
인쇄
일
주
월
삼성전자 시 26,799 고 27,999 저 25,640 종 27,300 ▲ 760 +2.86% 거 5,260,414
Linear
▼ 최고 96,800 (-24.17%)
91,224
81,088
73,400
60,816
50,680
40,544
30,408
20,272
10,136
▲ 최저 13,440
거래량 5,260,414
857m
643m
428m
214m
2012
2014
2016
2018
2020
2022

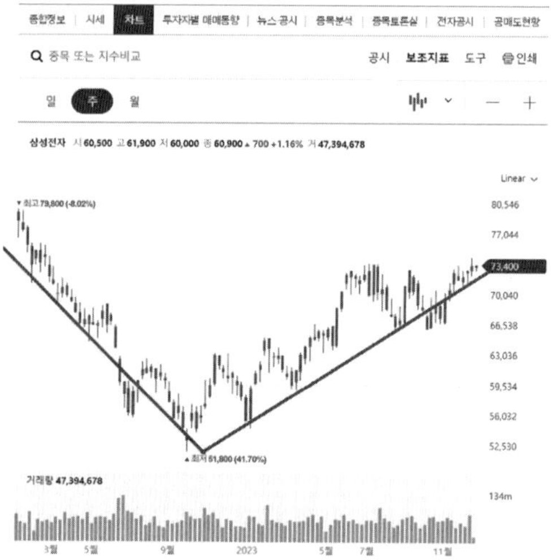
종합정보
시세
차트
투자자별 매매동향
뉴스공시
종목분석
종목토론실
전자공시
공매도현황
종목 또는 지수비교
공시
보조지표
도구
인쇄
일
주
월
삼성전자 시 60,500 고 61,900 저 60,000 종 60,900 ▲ 700 +1.16% 거 47,394,678
Linear
▼ 최고 79,800 (-8.02%)
80,546
77,044
73,400
70,040
66,538
63,036
59,534
56,032
52,530
▲ 최저 51,800 (41.70%)
거래량 47,394,678
134m
3월
5월
9월
2023
5월
7월
11월

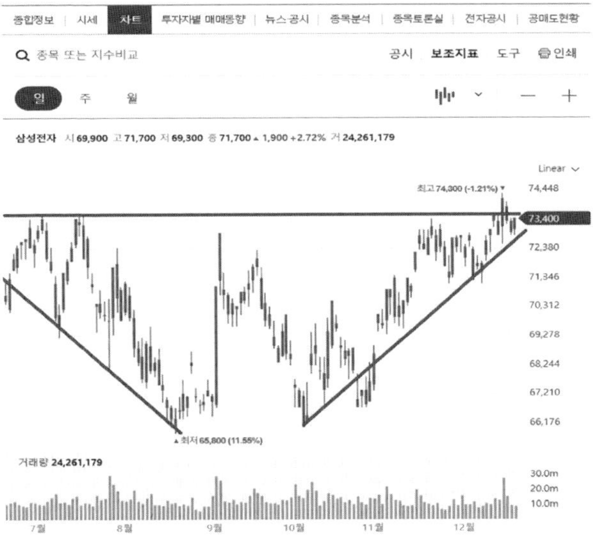

삼성전자는 [월별] 주가에서 2012년부터 장기적으로 상승하고 있다. 또 [주별] 주가와 [일별] 주가에서는 과거에 하락하다가 최근에 상승하는 추세이다. 주식은 장기적으로 상승하고 단기적으로 하락하더라도 다시 상승할 때 주식 투자를 고려해야 한다.

마지막으로 회사 관련 뉴스와 소식을 파악해야 한다. 네이버 증권에서 [뉴스] 메뉴로 들어가 [뉴스 · 공시]에서 중요한 소식을 확인한다.

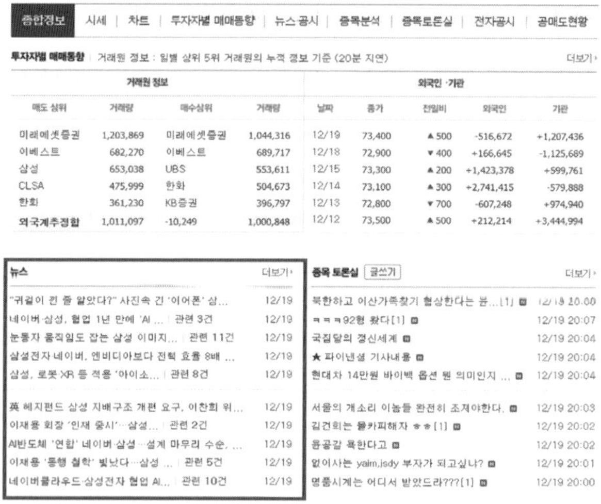

종합정보 | 시세 | 차트 | 투자자별 매매동향 | 뉴스·공시 | 종목분석 | 종목토론실 | 전자공시 | 공매도현황

투자자별 매매동향 | 거래원 정보 : 일별 상위 5위 거래원의 누적 정보 기준 (20분 지연) 더보기›

거래원 정보				외국인 · 기관				
매도 상위	거래량	매수상위	거래량	날짜	종가	전일비	외국인	기관
미래에셋증권	1,203,869	미래에셋증권	1,044,316	12/19	73,400	▲500	-516,672	+1,207,436
이베스트	682,270	이베스트	689,717	12/18	72,900	▼400	+166,645	-1,125,689
삼성	653,038	UBS	553,611	12/15	73,300	▲200	+1,423,378	+599,761
CLSA	475,999	한화	504,673	12/14	73,100	▲300	+2,741,415	-579,888
한화	361,230	KB증권	396,797	12/13	72,800	▼700	-607,248	+974,940
외국계추정합	1,011,097	-10,249	1,000,848	12/12	73,500	▲500	+212,214	+3,444,994

뉴스 더보기›

"귀걸이 낀 줄 알았다?" 사진속 긴 '이어폰' 삼...	12/19
네이버·삼성, 협업 1년 만에 'AI ... | 관련 3건	12/19
눈동자 움직임도 잡는 삼성 이미지... | 관련 11건	12/19
삼성전자·네이버, 엔비디아보다 전력 효율 8배 ...	12/19
삼성, 로봇·XR 등 적용 '아이소... | 관련 8건	12/19
英 헤지펀드 삼성 지배구조 개편 요구, 이찬희 위...	12/19
이재용 회장 '인재 중시'…삼성... | 관련 2건	12/19
AI반도체 '연합' 네이버·삼성…설계 마무리 수순, ...	12/19
이재용 '동행 철학' 빛났다…삼성 ... | 관련 5건	12/19
네이버클라우드·삼성전자 협업 AI... | 관련 10건	12/19

종목 토론실 글쓰기 더보기›

북한하고 이산가족찾기 협상한다는 분...[1]	12/19 20:08
ㅋㅋㅋ92형 왔다[1]	12/19 20:07
국짐당의 정신세계	12/19 20:04
★ 파이낸셜 기사내용	12/19 20:04
현대차 14만원 바이백 옵션 뭔 의미인지 ...	12/19 20:04
서울의 개소리 이놈들 완전히 조져야한다.	12/19 20:03
김건희는 물카피해자 ** [1]	12/19 20:02
윤공갈 폭한다고	12/19 20:02
없이사는 yaim,jsdy 부자가 되고싶나?	12/19 20:01
명품시계는 어디서 받았드라???[1]	12/19 20:00

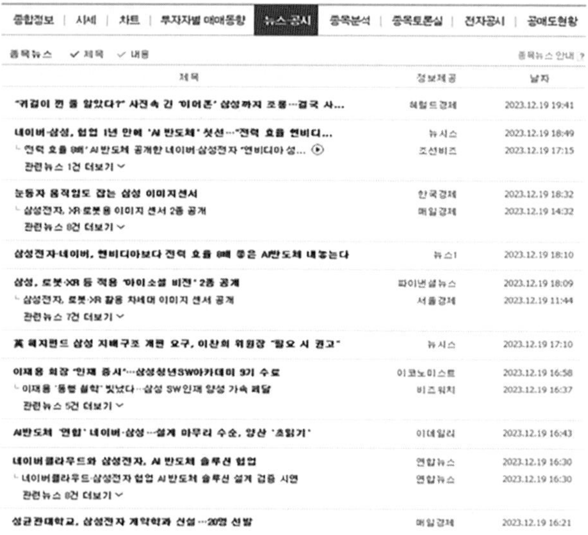

종합정보 | 시세 | 차트 | 투자자별 매매동향 | 뉴스·공시 | 종목분석 | 종목토론실 | 전자공시 | 공매도현황

종목뉴스 ✓제목 ✓내용 종목뉴스 안내 ?

제목	정보제공	날짜
"귀걸이 낀 줄 알았다?" 사진속 긴 '이어폰' 삼성까지 조롱…결국 사...	헤럴드경제	2023.12.19 19:41
네이버·삼성, 협업 1년 만에 'AI 반도체' 첫선…"전력 효율 엔비디...	뉴시스	2023.12.19 18:49
└ 전력 효율 8배' AI 반도체 공개한 네이버·삼성전자 "엔비디아 성...	조선비즈	2023.12.19 17:15
관련뉴스 1건 더보기 ⌄		
눈동자 움직임도 잡는 삼성 이미지센서	한국경제	2023.12.19 18:32
└ 삼성전자, XR·로봇용 이미지 센서 2종 공개	매일경제	2023.12.19 14:32
관련뉴스 8건 더보기 ⌄		
삼성전자·네이버, 엔비디아보다 전력 효율 8배 좋은 AI반도체 내놓는다	뉴스1	2023.12.19 18:10
삼성, 로봇·XR 등 적용 '아이소셀 비전' 2종 공개	파이낸셜뉴스	2023.12.19 18:09
└ 삼성전자, 로봇·XR 활용 차세대 이미지 센서 공개	서울경제	2023.12.19 11:44
관련뉴스 7건 더보기 ⌄		
英 헤지펀드 삼성 지배구조 개편 요구, 이찬희 위원장 "필요 시 권고"	뉴시스	2023.12.19 17:10
이재용 회장 '인재 중시'…삼성청년SW아카데미 9기 수료	이코노미스트	2023.12.19 16:58
└ 이재용 '동행 철학' 빛났다…삼성 SW인재 양성 가속 페달	비즈워치	2023.12.19 16:37
관련뉴스 5건 더보기 ⌄		
AI반도체 '연합' 네이버·삼성…설계 마무리 수순, 양산 '초읽기'	이데일리	2023.12.19 16:43
네이버클라우드와 삼성전자, AI 반도체 솔루션 협업	연합뉴스	2023.12.19 16:30
└ 네이버클라우드·삼성전자 협업 AI 반도체 솔루션 설계 검증 시연	연합뉴스	2023.12.19 16:30
관련뉴스 8건 더보기 ⌄		
성균관대학교, 삼성전자 계약학과 신설…20명 선발	매일경제	2023.12.19 16:21

여기서 회장 출장, 대학과 업무협약 체결 등 중요하지 않은 소식은 제외하고, '사업'과 관련된 중요한 뉴스들 위주로 살펴보자.

◇

지금까지 네이버 증권으로 기업을 간단하게 분석하는 법을 알아보았다. 주식 투자 전에는 반드시 내가 투자할 기업에 대해서 분석해야 한다.

좋은 기업을 찾아 투자하는 '종목선정'이 주식 투자의 성패를 결정한다.

◇ 꿀팁 | 애널리스트 보고서 읽기 ◇

네이버 증권에서 투자할 기업을 분석했지만, 아직 부족하다고 느끼거나 좀 더 해당 기업에 대해 알아보고 싶을 때가 있다. 이럴 때는 증권사 애널리스트의 '기업 분석 보고서'를 읽으면 큰 도움이 된다.

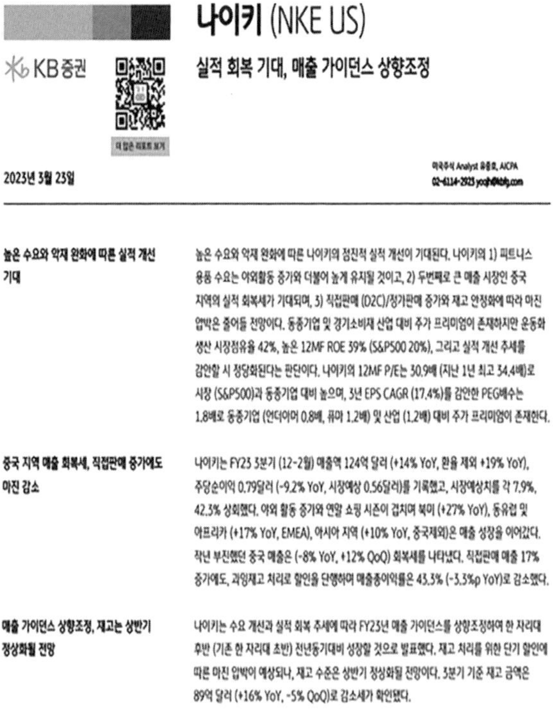

KB증권

더 많은 리포트 보기

나이키 (NKE US)

실적 회복 기대, 매출 가이던스 상향조정

2023년 3월 23일

미국주식 Analyst 유종우, AICPA
02-6114-2923 yoojh@kbfg.com

높은 수요와 악재 완화에 따른 실적 개선 기대

높은 수요와 악재 완화에 따른 나이키의 점진적 실적 개선이 기대된다. 나이키의 1) 피트니스 용품 수요는 야외활동 증가와 더불어 높게 유지될 것이고, 2) 두번째로 큰 매출 시장인 중국 지역의 실적 회복세가 기대되며, 3) 직접판매 (D2C)/정가판매 증가와 재고 안정화에 따라 마진 압박은 줄어들 전망이다. 동종기업 및 경기소비재 산업 대비 주가 프리미엄이 존재하지만 운동화 생산 시장점유율 42%, 높은 12MF ROE 39% (S&P500 20%), 그리고 실적 개선 추세를 감안할 시 정당화된다는 판단이다. 나이키의 12MF P/E는 30.9배 (지난 1년 최고 34.4배)로 시장 (S&P500)과 동종기업 대비 높으며, 3년 EPS CAGR (17.4%)를 감안한 PEG배수는 1.8배로 동종기업 (언더아머 0.8배, 퓨마 1.2배) 및 산업 (1.2배) 대비 주가 프리미엄이 존재한다.

중국 지역 매출 회복세, 직접판매 증가에도 마진 감소

나이키는 FY23 3분기 (12~2월) 매출액 124억 달러 (+14% YoY, 환율 제외 +19% YoY), 주당순이익 0.79달러 (-9.2% YoY, 시장예상 0.56달러)를 기록했고, 시장예상치를 각 7.9%, 42.3% 상회했다. 야외 활동 증가와 연말 쇼핑 시즌이 겹치며 북미 (+27% YoY), 동유럽 및 아프리카 (+17% YoY, EMEA), 아시아 지역 (+10% YoY, 중국제외)은 매출 성장을 이어갔다. 작년 부진했던 중국 매출은 (-8% YoY, +12% QoQ) 회복세를 나타냈다. 직접판매 매출 17% 증가에도, 과잉재고 처리로 할인을 단행하여 매출총이익률은 43.3% (-3.3%p YoY)로 감소했다.

매출 가이던스 상향조정, 재고는 상반기 정상화될 전망

나이키는 수요 개선과 실적 회복 추세에 따라 FY23년 매출 가이던스를 상향조정하여 한 자리대 후반 (기존 한 자리대 초반) 전년동기대비 성장할 것으로 발표했다. 재고 처리를 위한 단기 할인에 따른 마진 압박이 예상되나, 재고 수준은 상반기 정상화될 전망이다. 3분기 기준 재고 금액은 89억 달러 (+16% YoY, -5% QoQ)로 감소세가 확인됐다.

애널리스트 보고서에는 어려운 용어가 다소 있고, 수치와 통계가 많이 나와 있다. 모르거나 복잡한 용어, 통계에 집중하기보다 쭉 한 번 읽어보고 참고하는 것을 추천한다.

3

주식 매수 타이밍 잡기

기업을 분석하여 주식 투자에 '좋은 기업'을 찾았다. 이제 주식 투자를 하려고 한다. 저렴할 때 주식을 투자해야 한다. 추세와 흐름을 확인하면 된다. 먼저 추세와 흐름을 확인하는 법을 알아보자.

1) 추세 확인과 추세선 그리기

주식 추세에는 '상승 추세, 하락 추세, 박스권'이 있다. 상승 추세에 주식을 사면 수익을 낼 수 있고, 반대로 하락 추세에는 손실을 볼 수 있다. 다음의 그래프와 함께 하나씩 알아보자.

세계 최고의 기업 애플이다. 애플은 7월 23일 127달러에서 8월 23일 197달러까지 한 달 동안 55%가 상승했다. 완벽한 '상승 추세'라고 볼 수 있다.

상승 추세

상승 추세를 확인하기 위해 '상승 추세선'을 그려보겠다. 주식 차트의 저점 2개 이상을 연결해서 그려보면 된다.

다음은 여러분도 자주 이용하는 넷플릭스다. 넷플릭스는 2021년 12월 18일 694달러에서 2022년 5월 22일

166달러까지 76% 하락했다. 무려 6개월간 하락 추세였다.

하락 추세

하락 추세를 확인하기 위해 '하락 추세선'을 그려보겠다. 주식 차트의 고점 2개 이상을 연결해서 그려보면 된다.

다음은 비트코인이다. 2023년 3월 22일 25,000달러에서 10월 22일 30,000달러까지 7개월간 일정 구간에서 가격이 머무르고 있다. 이를 '박스권'이라고 부른다.

박스권

박스권은 일정 기간, 일정 범위 내에서 주가가 머물러있는 것을 말한다.

2) 주식을 사야 할 타이밍

그렇다면 주식은 언제 사야 할까? (1) **주식이 상승 추세에 있거나,** (2) **하락 추세에서 상승 추세로 전환되거나,** (3) **박스권에서 상승 추세로 전환될 때** 주식을 매수해야 한다. 이 세 가지 타이밍의 예시를 통해 좀 더 알아보자.

(1) 주식이 상승 추세에 있을 때

메타(페이스북)가 상승 추세에 있다. 메타는 90달러에서 580달러까지 무려 540%가 상승했다. 완벽한 '상승 추세'로 볼 수 있으며 투자 타이밍이다.

단 이미 과도한 상승으로 추세가 느려질 경우, 다시 상승 추세가 확실해질 때까지 기다려야 한다.

(2) 하락 추세에서 상승 추세로 전환될 때

삼성전자가 하락 추세에서 상승 추세로 전환됐을 때이다. 삼성전자는 2022년 12월까지 계속 하락하다가, 2023년 1월부터 '상승 추세'로 전환했다.

이렇게 하락 추세에서 상승 추세로 전환했을 때가 투자 타이밍이다.

(3) 박스권에서 상승 추세로 전환될 때

박스권에 있었던 비트코인 차트다. 비트코인이 박스권(25,000달러~30,000달러)에서 30,000달러를 돌파하는 모습이다.

이렇게 박스권을 뚫고 상승하는 경우를 '브레이크 아웃(Break Out)'이라고 부른다. 브레이크 아웃이 발생할 때가 투자 타이밍이다.

4

안전하고 수익률 좋은 ETF 투자

"주식 투자는 하고 싶지만, 어떤 주식에 투자해야 할지 모르겠어요. 주식이 하락하면 손실을 봐서 걱정돼요."

어떤 종목에 투자할지 모르거나 손실 때문에 주식 투자를 망설이는 분들이 많다. 이런 분들에게 'ETF 투자'를 추천한다. ETF(Exchange Traded Fund, 상장지수펀드)란 어떤 산업이나 주가종합지수에 투자하는 펀드다. 예를 들어 전기차 ETF는 전기차 산업에 있는 기업에 투자하고, 코스피 200 ETF는 코스피 주가종합지수 상위 200개 기업에 투자하는 ETF다.

ETF에 투자하면 여러 기업에 분산하여 투자할 수 있다.

'계란을 한 바구니에 담지 말라[6]'라는 투자 격언처럼, ETF 투자는 분산 투자를 할 수 있어서 위험은 낮추고 수익을 높일 수 있다.

1) 복잡한 ETF 이름 파헤치기

현재 국내 ETF는 무려 837개로 ETF 종류가 정말 다양하다.(2024년 3월 기준). 그리고 KODEX 글로벌비만치료제TOP2 플러스 ETF, TIGER 미국필라델피아반도체레버리지(합성)처럼 종목 이름도 복잡하다. 그러나 ETF 이름 읽는 법을 배우면 어떤 ETF인지 쉽게 알 수 있다.

먼저 이름의 맨 앞에는 ETF를 만든 자산운용사의 브랜드가 붙는다. 미래에셋은 TIGER, 삼성자산운용

---

6. 노벨경제학상 수상자 제임스 토빈(James Tobin)이 기자회견에서 "계란을 한 바구니에 담아서는 안 됩니다. 바구니를 떨어뜨리면 모든 것이 끝장이기 때문이죠"라고 언급한 격언으로, 분산 투자의 중요성을 강조한다.

은 KODEX, 한국투자증권은 ACE다.

ETF 종목 두 번째는 ETF가 투자하는 주가종합지수나 산업, 테마가 위치한다.

예를 들어 TIGER 200 ETF는 코스피 주가종합지수 중 상위 200개 기업에 투자하는 ETF다. TIGER 차이나전기차SOLACTIVE는 중국 전기차 회사와 전기차 부품을 생산하는 기업들에 투자하는 ETF다.

마지막으로 해외 ETF 중 종목 끝에 H가 있는 경우가 있다. 이 상품은 환율 변동에 따른 위험을 없앤(환헤지) 상품이다. 원래 해외 ETF가 10% 상승했으나 환율이 5% 하락하면(달러 가치가 5% 하락) 환율 손실로 인해 5% 수익률을 거둘 수 있다. 그러나 환헤지 상품은 환율과 관계없이 10% 수익률을 거둘 수 있다.

2) 미국의 S&P 500, 나스닥 100 ETF 추천

ETF는 많은 나라의 주가종합지수나 다양한 산업과 테마에 투자할 수 있다. 그러나 ETF에 처음 투자한다면 미국 주가종합지수인 S&P와 나스닥에 투자하는 ETF를 추천한다. 세계에서 가장 잘사는 나라인 미국 경제에 투자하는 ETF로, 20년 이상 약 7% 수익률을 거두었다[7].

미국 주가종합지수 S&P와 나스닥 ETF에 대해 알아보자.

(1) S&P 500 ETF

S&P 500이란 미국 신용평가사 스탠다드푸어스(S&P)에서 미국 시가총액 상위 500개 기업으로 만든 주가종합지수다. S&P 500에 속한 기업은 '애플, 마이크로소프트, 아마존' 등 미국 상위 500개 기업이다. 그만큼 세계에서 잘나가는 글로벌 기업으로 이루어져 있다.

S&P 500에 투자하는 ETF는 굉장히 많다. 그중 가장 운용 규모가 크고 전문성이 있는 'SPY ETF'와 'IVV ETF'를 추천한다.

---

7. 2000년부터 2022년까지 S&P500 ETF(SPY)와 나스닥100 ETF(QQQ) 평균 수익률은 각각 6.78%, 6.94%이다.

SPY ETF다. 세계 최초의 ETF이자 운용 규모가 가장 큰 ETF다. 1993년에 출시되었으며, 운용 수수료는 0.0945%로 저렴하다. SPY ETF에 100달러(13만 원)를 투자하면 수수료는 0.0945달러(120원) 밖에 들지 않는다.

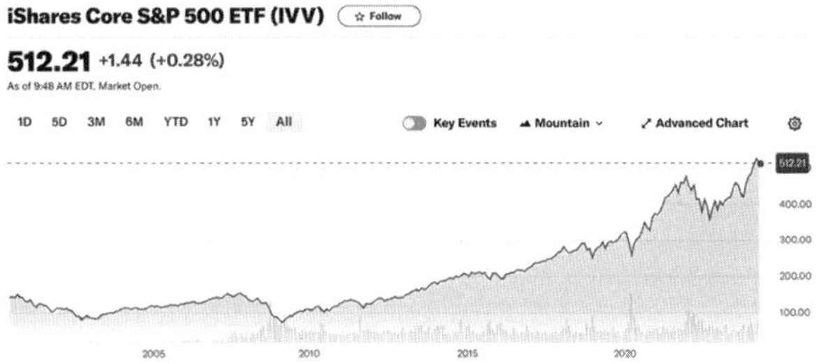

IVV ETF다. SPY ETF에 이어 운용 규모 2위의 ETF로 수수료는 0.03%다. SPY ETF의 수수료보다 3분의 1 수준으로 매우 저렴하다. IVV ETF에 100달러(13만 원)를 투자하면 수수료는 0.03달러(39원)밖에 들지 않는다.

(2) 나스닥 100 ETF

나스닥은 뉴욕증권거래소 다음으로 큰 세계 2위의 증권거래소다. 나스닥에는 주로 IT 기업이나 혁신벤처 기업이 상장하고 있다. 이러한 나스닥 거래소에 상장된 상위 100개 기업을 모아 만든 주가종합지수가 나스닥 100이다.

나스닥 100은 '애플, 마이크로소프트, 아마존, 엔비디아' 등 세계 최고의 IT 기업으로 구성되어 있다. 나스닥 100에 투자하는 ETF 중 QQQ ETF와 QQQM ETF를 추천한다.

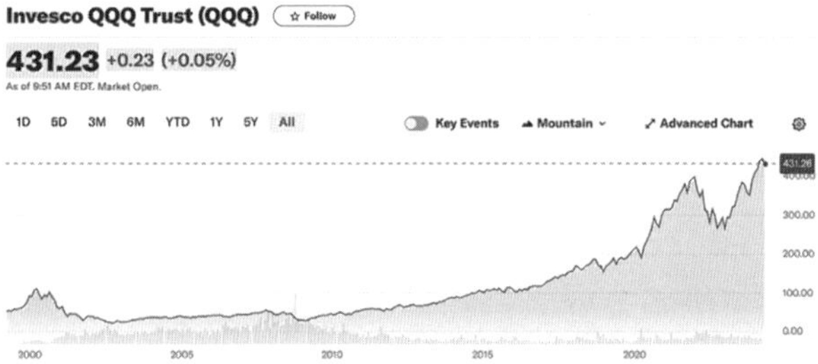

QQQ ETF는 운용 규모 5위의 ETF다. 나스닥 100 주가종합지수를 추종하며, 1999년 3월부터 지금까지 24년 동안 안정적으로 운용되었다. 수수료는 0.2%다.

QQQM ETF는 QQQ ETF를 만든 운용사에서 만든 ETF다. ETF가 투자하는 기업 구성도 QQQ ETF와 거의 같다. 그러나 QQQM ETF는 수수료가 0.15%로 QQQ ETF보다 0.05% 저렴하다.

(3) ETF 투자 체크포인트

미국 ETF 투자를 통해 수익을 거둘 때 250만 원까지는 세금이 없다. 그 이상부터는 22%의 세금을 내야 한다. 예를 들어, 1,000만 원의 수익을 거두면 250만 원까지 세금이 없고, 남은 750만 원의 수익에 대해 22%의 세금 176만 원을 내야 한다.

미국 ETF에 투자하기 위해서는 달러로 환전해야 한다. 환율에 따라 환차익 또는 환손실이 발생할 수 있다. 예를 들어 ETF가 10% 상승하고, 환율이 10% 상승하면(달러 가치 10% 상승) 총 20%의 수익률(10% + 10%)을 거둘 수 있다. 반대로 환율이 10% 하락하면 수익률은 0%(10% -10%)다.

그러나 환전이 필요 없고, 환손실도 예방할 수 있는 국내 ETF가 있다. 국내 운용사에서도 S&P 500과 나스닥 100을 추종하는 ETF 상품이 있다. 게다가 국내 ETF에 투자하면 미국 ETF처럼 세금을 내지 않아도 된다.

S&P 500에 투자하는 국내 ETF는 TIGER S&P 500, KODEX S&P 500이 있고, 나스닥 100은 TIGER 미국나스닥100, KODEX 미국나스닥100이 있다. 달러를 모

으면서 환차익도 얻고 싶다면 미국 ETF에, 환손실을 피하고 싶다면 국내 ETF에 투자하면 된다.

5

배당주 투자로 매달 배당금 받기

부자는 재산이 많고, 현금도 많다. 재산 가치도 오르고 현금 흐름도 생기는 자산을 모아야 진정한 부자가 될 수 있다. 그럼 재산 가치도 오르고, 현금 흐름도 많은 자산은 무엇일까? 바로 '배당주'다. 대표적인 배당주로 '코카콜라'는 61년간 지속해서 주가가 상승했고, 높은 배당금을 꾸준히 주고 있다. 배당주 투자에 대해 자세히 알아보자

1) 성장주와 배당주

주식의 종류에는 '성장주'와 '배당주'가 있다. 성장주는 미래에 기업이 '성장할 가능성'을 보고 투자한다. 반

면 배당주는 배당금을 꾸준히 주기 때문에 '현금 흐름'을 원하는 투자자가 선호한다. 대표적으로 미국 전기차 기업 테슬라가 성장주이며, 맥도날드는 배당주다.

배당주는 1년에 배당을 몇 번 주는지에 따라 연말 배당(1년에 1번), 중간 배당(1년에 2번), 분기 배당(1년에 4번)으로 구분한다. 배당주에 따라 배당금 규모와 배당금 지급 시기가 달라진다. 예를 들어, 대표적인 배당주 존슨앤존슨은 매년 3월, 6월, 9월, 12월 등 분기마다 4번 배당금을 지급한다.

배당주는 배당수익률에 따라 배당금이 결정된다. 배당수익률이란 주식가격 대비 배당금 비율이다. 예를 들어, 배당수익률이 똑같이 3%인 A, B 두 기업이 있다. A 기업은 주가가 100만 원으로 배당금은 3만 원이다. B 기업의 주가는 10만 원이며, 배당금은 3천 원이다.

이처럼 단순히 배당금을 많이 주는 주식보다 주식가격 대비 배당금을 많이 주는 배당주가 좋은 배당주다. 따라서 배당수익률이 높은 배당주가 좋은 배당주다.

2) 성공적인 배당주 투자

주의할 점은 배당수익률만 보고 배당주 투자를 할 경우, 실패할 수도 있다. 다음 다섯 가지 기준을 확인하고 투자한다면 성공적인 배당주 투자를 할 수 있을 것이다.

① 배당수익률이 높은가?

② 주가가 꾸준히 상승했는가?

③ 실적이 꾸준히 성장했는가?

④ 배당금이 꾸준히 늘어났는가?

⑤ 5년 이상 배당금을 계속 지급했는가?

즉 배당수익률뿐만 아니라 주가, 실적, 배당금이 꾸준히 상승했으며, 5년 이상 배당금을 계속 지급한 배당주에 투자해야 한다.

체크리스트에 맞는 국내 배당주로 '제일기획'과 '삼성화재'가 있다. 먼저 제일기획은 국내 광고업계 1위 회사이고, 대부분의 매출이 삼성그룹 계열사다. 그리고 매출액, 당기순이익이 매년 상승하고 있다. 배당수익률은 2023년 말 기준 5.65%다. 제일기획은 2010년부터

2011년을 제외하고 매년 배당을 늘려오고 있다.

삼성화재는 손해보험 업계 1위이며 매출액, 영업이익, 당기순이익이 고르게 성장하고 있다. 배당수익률은 2023년 말 기준 6.48%로, 꾸준하게 배당을 늘려왔다.

또한, 미국 월가에서 추천하는 '킹배당주'를 소개하겠다. 킹배당주는 미국 S&P 500 주가종합지수에 있는 기업이면서 50년 이상 배당을 꾸준히 늘려온 기업을 뜻한다. 대표적인 킹배당주는 P&G(2.5%), 3M(6.2%), 코카콜라(3%), AT&T(6~7%)가 있다. 킹배당주는 구글 검색창에 'DIVIDEND KINGS LIST'라고 검색하면 확인할 수 있다.

◇

배당주 투자는 배당금을 받을 수 있고, 주가가 올라 평가이익도 거둘 수 있다. 설령 주가가 일시적으로 떨어져도 배당금을 꾸준히 주기 때문에 장기투자가 가능하며, 주가 회복이 빠른 편이다. 이런 배당주 투자를 통해 배당금과 주가 상승을 노려보는 것은 어떨까?

6

주식 상장과 공모주 투자

'공모주 투자'는 투자하는 방법만 알면 상대적으로 안전하게 수익을 거둘 수 있다. 예를 들어 2023년에는 두산로보틱스, 케이엔에스, LS머트리얼즈 등 많은 공모주가 투자자에게 큰 수익을 안겨주었다.

그러면 '공모주'는 무엇일까? 기업은 성장하면 주식시장(코스피, 코스닥)에 상장[8]할 수 있는데, 이때 투자자들에게 투자금을 받고 주식을 나누어 준다. 그러면 투자자는 배정받은 주식을 주식시장에서 거래할 수 있다.

---

8. 상장은 기업이 한국거래소에 정한 기준을 만족하면, 해당 기업의 주식을 주식시장에서 거래할 수 있도록 거래소에 등록하는 것이다.

이러한 절차를 '주식 공개모집'이라고 하며 줄여서 '공모주'라고 부른다.

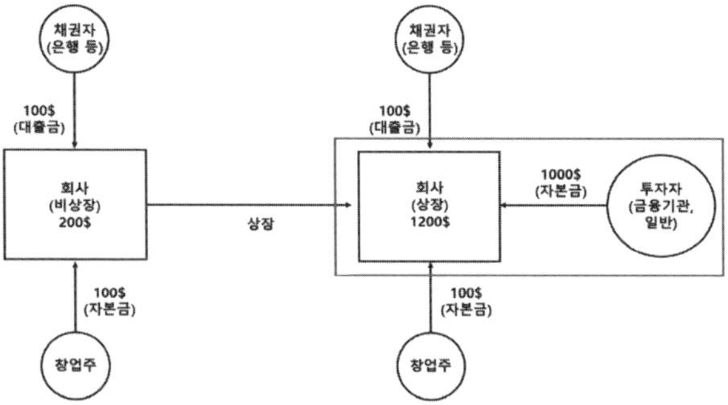

1) 공모주 투자 방법

공모주 투자는 [**공모주 일정 검색 → 수요예측 결과 및 공모가 확인 → 공모주 청약 → 공모주 배정 → 주식 상장과 거래**] 순으로 진행된다.

공모주 투자 순서대로 하나씩 설명하겠다.

(1) 공모주 일정 검색

네이버에 '공모주 일정'을 검색하면 상장할 기업의 공모주 일정이 나오는데, 관련 뉴스와 기사를 읽어보면서 유망하거나 좋은 공모주를 선택한다.

N 12월 공모주 일정

비즈워치 PICK · 7일 전 · 네이버뉴스

[공모주달력]올해 마지막 청약 '디에스단석'...증시 입성하는 'LS...

12월 둘째 **주 공모주 일정**을 가져왔어요. 이번 주는 올해 마지막 기업공개(IPO)를 진행하는 디에스단석의 **공모주** 청약이 기다리고 있는데요. 디에스단석은 1984년 노벨산업으로 시작한 화학회사로 현재는 바이오에너...

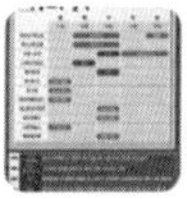

매일경제 · A22면 1단 · 4일 전 · 네이버뉴스

오늘의 증시 일정 (12월 14일)

◇신주배정기준일=아미코젠(무상) ◇**공모주**청약=디에스단석(첫날, KB, 10만원) ◇유상청약=엠젠솔루션 ◇유상납입일=라이프시맨틱스 베셀 ◇추가상장=코난테크놀로지(주식매수선택권) 이원다이애그노믹스(BW) 이원다이애그노믹스(CB) 앱클론(우선주의 보통주 전...

아시아경제 · 7일 전 · 네이버뉴스

[이번주 IPO]12월 둘째 주 수요예측·청약 일정

이달(**12월**) 둘째 주에는 디에스단석이 일반청약을 진행한다. ◆디에스단석= 디에스단석의 희망 **공모**가액은 7만9000~8만9000원이다. 오는 11일까지 수요예측을 진행한 후 오는 14~15일 일반 청약을 받는다. 총 122만주를 신주로 **공모**하며 **공모**금액은 약 964억원이다. 주...

[**12월 공모주**] 디에스단석 11일까지 수요예측...청약**일정·공모**가 국제뉴스 · 1주 전

선택한 공모주의 주관사(증권사), 수요예측, 청약일, 상장일을 확인한다. 공모주 주관사인 증권사 계좌가 없다면 앱으로 미리 만들어야 한다.

(2) 수요예측 결과 및 공모가 확인

'수요예측'은 기관투자자가 제안한 공모가와 투자 수량을 통해 공모가를 결정하는 과정이다. 기관투자자는 기업을 면밀하게 분석해 적절한 공모가와 투자 수량을

제안한다. 제안한 공모가가 높고 투자 수량이 많다면, 공모가는 높게 결정되고 수요예측 결과도 높게 나온다.

사전에 확인한 공모주의 수요예측일이 지나면 네이버에 'OO 공모주 수요예측'이라고 검색한다. 그러면 검색 결과 수요예측이 흥행했는지, 경쟁률은 얼마나 높았는지, 공모가는 얼마나 높게 나왔는지 알 수 있다.

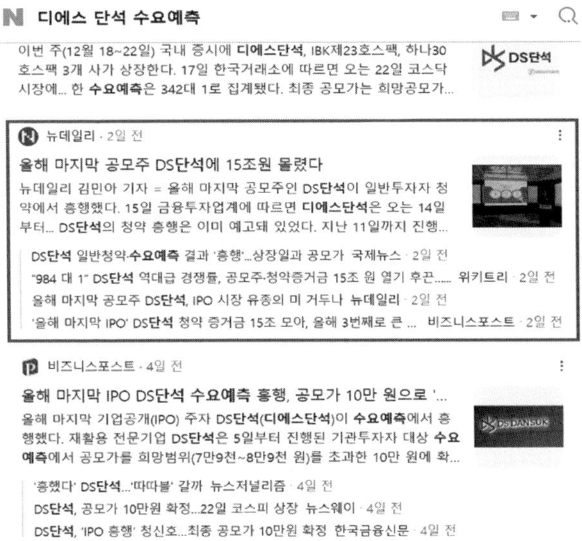
디에스 단석 수요예측

이번 주(12월 18~22일) 국내 증시에 디에스단석, IBK제23호스팩, 하나30호스팩 3개 사가 상장한다. 17일 한국거래소에 따르면 오는 22일 코스닥 시장에... 한 수요예측은 342대 1로 집계됐다. 최종 공모가는 희망공모가...

뉴데일리 · 2일 전

올해 마지막 공모주 DS단석에 15조원 몰렸다

뉴데일리 김민아 기자 = 올해 마지막 공모주인 DS단석이 일반투자자 청약에서 흥행했다. 15일 금융투자업계에 따르면 디에스단석은 오는 14일부터... DS단석의 청약 흥행은 이미 예고돼 있었다. 지난 11일까지 진행...

DS단석 일반청약·수요예측 결과 '흥행'...상장일과 공모가 국제뉴스 · 2일 전
"984 대 1" DS단석 역대급 경쟁률, 공모주·청약증거금 15조 원 열기 후끈..... 위키트리 · 2일 전
올해 마지막 공모주 DS단석, IPO 시장 유종의 미 거두나 뉴데일리 · 2일 전
'올해 마지막 IPO' DS단석 청약 증거금 15조 모아, 올해 3번째로 큰 ... 비즈니스포스트 · 2일 전

비즈니스포스트 · 4일 전

올해 마지막 IPO DS단석 수요예측 흥행, 공모가 10만 원으로 '...

올해 마지막 기업공개(IPO) 주자 DS단석(디에스단석)이 수요예측에서 흥행했다. 재활용 전문기업 DS단석은 5일부터 진행된 기관투자자 대상 수요예측에서 공모가를 희망범위(7만9천~8만9천 원)를 초과한 10만 원에 확...

'흥했다' DS단석...'따따블' 갈까 뉴스저널리즘 · 4일 전
DS단석, 공모가 10만원 확정...22일 코스피 상장 뉴스웨이 · 4일 전
DS단석, 'IPO 흥행' 청신호...최종 공모가 10만원 확정 한국금융신문 · 4일 전

시장과머니 특징주

올해 마지막 IPO DS단석 수요예측 흥행, 공모가 10만 원으로 '상단' 넘어서

정희경 기자 huiky@businesspost.co.kr | 2023-12-13 16:46:41

공유하기

[비즈니스포스트] 올해 마지막 기업공개(IPO) 주자 DS단석(디에스단석)이 수요예측에서 흥행했다.

재활용 전문기업 DS단석은 5일부터 진행된 기관투자자 대상 수요예측에서 공모가를 희망범위(7만9천~8만9천 원)를 초과한 10만 원에 확정했다고 13일 밝혔다.

이번 수요예측에는 국내외 1843곳의 기관이 참여했다. 단순경쟁률은 341.84대1로 집계됐다.

▲ DS단석 공모주 수요예측이 흥행했다.

투자자별로 살펴보면 모든 기관투자자가(가격 미제시 포함) 희망범위를 초과한 가격을 제시했다.

이 가운데 97.04%(가격 미제시 포함)에 이르는 투자자가 10만 원 이상의 가격을 제시하면서 DS단석은 10만 원에 공모가를 확정하게 됐다. 이는 희망범위 상단인 8만9천 원을 12% 가량 웃돈 수준이다.

공모가 확정에 따라 DS단석은 1220억 원을 공모를 통해 모집한다. 상장 후 시가총액은 공모가 기준 5861억 원이다.

상장을 주관한 KB증권·NH투자증권 관계자는 "수요예측에 참여한 대다수 투자자분들이 DS단석의 오랜 업력과 안정성, 성장성 등을 높게 평가했다"며 "많은 기관투자자가 수요예측에 참여하면서 올해 마지막 코스피 상장주자에게 긍정적인 신호가 더해졌다"고 말했다.

DS단석은 이번 공모로 확보될 자금을 차입금 상환, 운영자금 확보 등에 사용한다는 계획을 세웠다.

▲ DS단석 시화공장 본사.

DS단석 한승욱 대표이사는 "기업의 가치를 높게 평가해주신 많은 기관 투자자 여러분께 감사의 말씀을 전하고 싶다"며 "상장 이후에도 DS단석은 글로벌 탄소중립 트렌드 및 지속 가능한 성장에 부합하는 사업 운영으로 글로벌 자원 순환 리딩 기업의 입지를 공고히 하겠다"고 말했다.

DS단석은 14일~15일 이틀 동안 일반청약을 거쳐 22일 코스피시장에 상장한다.

대표 상장 주관사는 KB증권, NH투자증권이다. 정희경 기자

예를 들어 앞의 자료처럼 2023년에 공모했던 '디에스(DS) 단석'은 수요예측이 흥행했으며, 경쟁률이 341.8로 매우 높았다. 공모가도 높게 결정되어 투자하기 좋은 공모주였다.

(3) 공모주 청약

청약일이 되면 공모주를 주관하는 증권사 앱에 접속해서 [공모주] 메뉴에 들어간다. 여기서 '공모청약 신청'을 누르면 청약을 신청할 수 있다.

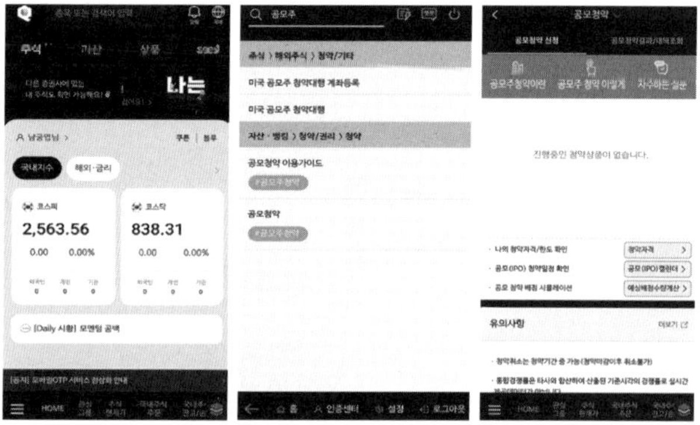

청약을 신청할 때는 공모 주식가격의 절반이 증거금으로 필요하다. 예를 들어 두산로보틱스는 공모가가 26,000원이면 공모주 10주 주식가격(26만 원)의 절반인 13만 원 증거금이 있어야 한다.

(4) 공모주 배정

청약 신청을 하면 2~3일 후에 배정 결과가 나온다. 공모주 배정에는 '균등배정'과 '비례배정'이 있다. 균등배정은 청약에 참여하기만 하면 최소한의 공모주를 배정하는 것이다. 비례배정은 청약한 투자금액에 비례해서 공모주를 배정하는 것이다.

청약에 참여하면 균등배정에 해당하는 최소한의 공모주는 받는다. 그러나 더 받고 싶으면 많은 투자금을 청약해야 배정받을 수 있다.

(5) 주식 상장과 거래

주식 상장일이 되면 계좌에 들어온 주식으로 거래를 할 수 있다. 매매전략은 2가지로, 당일에 팔거나 계속 보유하는 것이다. 상장일 이후 하락할 수도 있고, 계속 오를 수도 있으니 시장의 흐름과 타이밍, 추세를 유심히 보고 집중해야 한다.

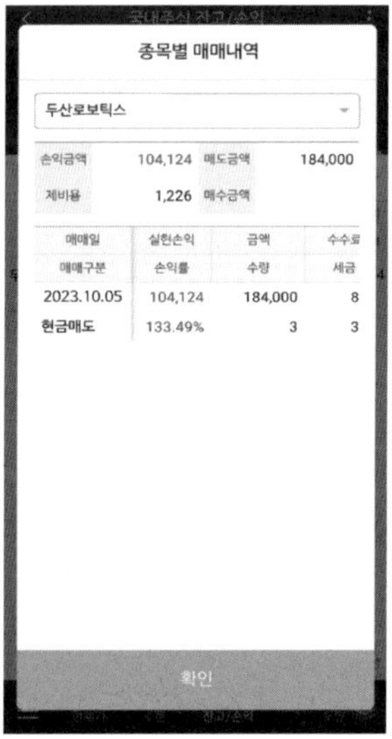

공모가가 크게 상승하면 '따상, 따따상'이라고 부른다. 따상은 '더블+상한가'의 줄임말로, 주가 공모가격 대비 2배로 상장하고 상장일에 상한가(30%)만큼 상승하는 것이다. 공모주가 따상을 하면 공모가 대비 260%가 상승(160%수익률)한 것이다.

'따상상'은 '더블+상한가+상한가'의 줄임말로, 공모가 대비 2배 상장과 상장일에 상한가(30%) 만큼 상승하고, 다음 날 또 상한가(30%) 만큼 상승하는 것이다. 공모주가 '따상상'을 하면 공모가 대비 338%가 상승(238% 수익률)한 것이다.

◇

지금까지 공모주 투자를 배웠다. 여러분도 안전하게 소소한 수익을 벌 수 있는 공모주 투자를 하는 건 어떨까? 여러분도 '따상'과 '따상상'하는 공모주의 주인공이 될 수 있다. 여러분의 똑똑한 공모주 투자가 가정경제에 큰 도움이 될 것이라 확신한다.

7

인버스 ETF와 레버리지 ETF

주식가격이 하락해도 수익을 낼 수 있는 투자가 있다. 그리고 내가 가진 돈보다 더 많이 투자할 수 있는 투자도 있다. 앞서 말한 것은 '인버스 ETF'이고, 뒤에 말한 것은 '레버리지 ETF'다. 인버스 ETF와 레버리지 ETF는 위험성도 높지만 그만큼 수익도 높은 '고위험 고수익' 투자다.

인버스와 레버리지 ETF가 무엇인지 설명하겠다.

1) 반대를 맞춰라! 인버스 ETF

'인버스 ETF'는 주가가 오르면 손실을 보고, 주가가 하락하면 수익을 보는 ETF다. 예를 들어 코스피 인버스 ETF는 코스피 주가종합지수가 하락하면 수익을 얻는 ETF다.

인버스 ETF를 투자하는 이유는 두 가지다.

첫째, 인버스 ETF는 하락장에서 수익을 거둘 수 있다.

일반적으로 주식이 떨어지면 손실을 본다. 그러나 인버스 ETF에 투자하면 주식이나 시장이 하락하면 수익을 볼 수 있다.

둘째, 인버스 ETF로 기존 손실을 줄이거나 예방할 수 있다.

기존에 투자한 주식이나 상품이 하락할 때(또는 하락이 예상되는 경우) 주식을 손절(손해를 줄이기 위해 매도)하는 게 아니라, 인버스 ETF를 통해 손실을 줄이거나 예방할 수 있다. 주식이 하락하면 손실을 보지만, 인버스 ETF는 수익을 보기 때문이다.

그러나 인버스 ETF는 일반적인 주식 투자보다 세금에서 불리하다. 일반 주식 투자는 수익을 내도 세금이 없지만, 인버스 ETF로 수익을 내면 수익의 15.4%를 세금으로 내야 한다. 인버스 ETF가 파생상품으로 분류되어 세금이 부과된다.

2) 레버리지 ETF로 2배에서 3배까지

'레버리지 ETF'는 기존 수익률에 2배 이상으로 움직이는 ETF다. 예를 들어 KODEX 레버리지 ETF는 코스피가 10% 상승하면 20% 수익을 본다. 반대로 코스피가 10% 하락하면 20% 손실을 본다. 레버리지 ETF 투자를 하기 위해서는 금융투자협회에서 레버리지 ETF 관련 원격교육을 이수하고, 수료증을 증권사에 등록해야 한다[9].

그러나 미국 시장에서는 2배뿐만 아니라, 3배 레버리지 ETF 상품도 있다. 대표적인 3배 레버지리 ETF로는 TQQQ, SOXL, BULZ ETF가 있다. TQQQ는 나스닥 상위 100개 기업을, SOXL은 필라델피아 반도체 지수를, BULZ는 미국 상위 기술주 15개를 3배로 추종

9. 현재 국내에서는 2배로 움직이는 레버리지 ETF만 투자할 수 있다.

한다.

레버리지 ETF는 높은 수익을 거둘 수 있지만, 반대로 높은 손실을 볼 수도 있다. 처음 주식 투자를 하거나 경험이 적은 초보 투자자는 먼저 주식이나 ETF, 인버스 ETF로 주식 투자를 연습하다가 나중에 주식 실력이 늘면 레버리지 ETF에 투자하기 바란다.

제3장

부자가 되는 두 번째 열쇠: 부동산

1

주택 청약으로 집사는 법

세계적인 주식 투자가 피터 린치(Peter Lynch)가 한 말이다.

"지금 주식 투자를 고민하고 있다면 '내 집이 있는가?'에 먼저 답해라. 집은 소유자에게 유리하다. 완벽한 인플레이션 방어책이자 불황기에 몸을 의탁할 장소까지 제공한다."

주식 투자 이전에 먼저 '내 집'을 마련하라는 뜻이다. 그러면 어떻게 내 집을 마련할 수 있을까? 총 다섯 가지 방법이 있다. 바로 '주택 청약, 부동산 매매, 부동산 경매·공매, 재개발·재건축, 갭투자'다. 이 다섯 가지 방법에 대해 하나씩 설명하겠다. 먼저 주택 청약으로 집 사는 법부터 알아보자.

'주택 청약'은 청약 통장을 가진 사람이 주택 구매를 신청하는 제도로, 한국에서는 **청약홈[applyhome.co.kr]**에서 신청할 수 있다. 주택 청약에는 '선분양'과 '후분양'이 있다. 전 세계 대부분 나라에서 후분양으로 주택을 판매한다. 후분양은 건설사가 주택을 건설하고, 소비자는 완공된 주택을 보고 구매하는 방식이다.

한국은 '선분양'으로 주택 청약을 진행한다. 선분양은 주택을 건설하기 전에 입주자를 모집하고, 예비입주자가 납부한 계약금과 중도금으로 주택을 건설하는 제도다. 입주자는 주택을 볼 수 없으므로 건설사가 모델하우스와 홍보관을 운영하며 건설될 주택을 홍보하고 안내한다.

모델하우스와 홍보관에서는 조감도와 견본주택을 관람할 수 있고, 분양 가격과 계약 조건 등에 대해 상담할 수 있다.

(1) 주택 청약 필수 아이템 : 청약통장

주택 청약을 신청하려면 반드시 청약통장을 갖고 있어야 한다. 청약통장은 '주택청약종합저축'이라는 저축 계좌로 전 은행을 통틀어서 1인당 1개의 계좌만 가입할 수 있다. 매월 2만 원에서 50만 원까지 저축할 수 있으며, 저축액, 저축 기간 등에 따라 청약통장에 청약 점수를 쌓아 주택 청약을 신청할 수 있다.

유성 하늘채 하이에르 민영주택 입주자모집공고

청약 Home

구글플레이스토어	애플앱스토어
청약Home 앱 설치 바로가기	

※ 단지 주요정보

주택유형	해당지역	기타지역	규제지역여부
민영주택	대전광역시 1년 이상 계속 거주자 (2023.04.04. 이전부터 계속 거주)	대전광역시 1년 미만 계속 거주자 및 세종특별자치시, 충청남도 거주자	비규제지역

재당첨제한	전매제한	거주의무기간	분양가상한제	택지유형
없음	6개월	없음	미적용	민간택지

구분	입주자모집공고일	특별공급 접수일	일반공급 1순위 접수일	일반공급 2순위 접수일	당첨자발표일	서류접수	계약체결
일정	24.04.04.(목)	24.04.15.(월)	24.04.16.(화)	24.04.17.(수)	24.04.23.(화)	24.04.25.(목)~ 24.04.28.(일)	24.05.07.(화)~ 24.05.09.(목)

I 공통 유의사항

■ 한국부동산원 청약홈 콜센터는 청약홈 홈페이지(www.applyhome.co.kr) 이용안내 및 기본적인 청약자격 상담을 하고 있으며 고객 상담 과정에서 청약자 개인의 다양하고 복잡한 상황에 대한 정확하지 않은 정보의 제공으로 일부 착오 안내가 이루어지는 경우가 있습니다. **청약홈 콜센터 상담내용은 법적 효력이 없으므로 참고자료로만 활용해 주시기 바라며 청약자격 미숙지, 착오신청 등에 대해서는 청약자 본인에게 책임**이 있으니 자세한 문의사항은 사업주체를 통해 확인하시어 불이익을 받는 일이 없도록 유의하여 주시기 바랍니다.

■ 본 입주자모집공고는 **2024.03.25.** 시행된 「주택공급에 관한 규칙」이 적용됩니다. 이 공고문에 명시되지 않은 사항은 「주택법」, 「주택 공급에 관한 규칙」 등 관계법령에 따릅니다.

■ 신청자격은 당첨자를 대상으로 전산조회, 제출서류 등을 통해 사업주체에서 확인하며, 확인결과 신청자격과 다르게 당첨된 사실이 판명될 경우에는 부적격 당첨자로서 불이익(계약체결 불가, 일정기간 입주자저축 사용 및 입주자선정 제한 등)을 받으니 반드시 입주자모집공고문의 신청자격, 기준, 일정, 방법, 유의사항 등을 정확히 확인 후 신청하시기 바랍니다.

신청자격	특별공급					일반공급	
	기관추천	다자녀가구	신혼부부	노부모부양	생애최초	1순위	2순위
청약통장 자격요건	6개월 이상, 지역별·면적별 예치금 충족			1순위(**6개월** 이상, 지역별·면적별 예치금 충족)			가입
세대주 요건	·	·	·	필요	·	·	·
소득 또는 자산기준	·	·	적용	·	적용	·	·

※ 단, 기관추천 특별공급 중 장애인, 국가유공자는 청약통장 불필요

※ 1순위 : 입주자저축에 가입하여 가입기간이 **6개월**이 경과하고 지역별·면적별 예치금액 이상 납입한 분

주택 청약은 입주자 모집 공고 확인 후 청약홈 홈페이지에서 신청하면 된다. 입주자 모집 공고를 보면 '특별 공급'과 '일반 공급'으로 구분하여 신청하도록 안내되어 있다.

■ 특별 공급

'특별 공급'은 정책적으로 배려가 필요한 사회계층이 신청할 수 있다. 무주택자, 국가유공자, 장기복무 군인, 장애인, 다자녀 가구, 신혼부부, 노부모 부양자, 중소기업 근로자, 장애인, 생애최초 구입자 등이 특별 공급 대상에 속한다.

또한, 특별 공급을 신청하기 위해서는 ①특별 공급 당첨 이력이 없고, ②세대주와 세대원 모두 주택이 없으며, ③청약통장에 6개월 이상(신혼부부, 다자녀) 또는 12개월 이상(노부모 부양, 생애최초) 가입하고, 일정 금액 이상의 저축액이 있어야 한다.

민영주택 청약 예치기준금액(제10조 제1항 관련)[10]

공급받을 수 있는 주택의 전용면적	지역		
	특별시 및 부산광역시	그 밖의 광역시	특별시 및 광역시를 제외한 지역
85제곱미터 이하	300	250	200
102제곱미터 이하	600	400	300
135제곱미터 이하	1,000	700	400
모든 면적	1,500	1,000	500

(단위 : 만원)

■ 일반 공급

일반 공급은 특별 공급 대상이 아닌 사람들이 신청하는 청약 유형이다. 일반 공급에는 1순위와 2순위가 있다. 서울, 경기, 인천 1순위는 12개월 이상, 부산, 대전 등

10. 청약 신청 가능 주택은 국민주택과 민영주택이 있으며, 국민주택은 LH, SH 등 정부와 지자체에서 지은 주택이다. 민영주택은 민간 공급 주택이다.

광역시는 6개월 이상 청약저축에 가입해야 한다. 또한, 청약통장 저축액이 청약 예치기준금액 이상이어야 한다.

■ 청약 가점을 쌓아라

청약에 당첨되기 위해서는 1순위, 2순위 조건을 갖추고 청약점수를 쌓아야 한다. 청약점수순으로 청약에 당첨되기 때문이다. 청약점수는 무주택 기간, 부양가족 수, 저축 기간으로 구성되어 있다. 세부적인 점수표는 다음과 같다.

가점항목	구분	점수	구분	점수
무주택 기간	1년 미만	2	8년~9년 미만	18
	1년~2년 미만	4	9년~10년 미만	20
	2년~3년 미만	6	10년~11년 미만	22
	3년~4년 미만	8	11년~12년 미만	24
	4년~5년 미만	10	12년~13년 미만	26
	5년~6년 미만	12	13년~14년 미만	28
	6년~7년 미만	14	14년~15년 미만	30
	7년~8년 미만	16	15년 이상	32
부양 가족수	0명	5	4명	25
	1명	10	5명	30
	2명	15	6명 이상	35
	3명	20		
저축기간	6개월 미만	1	8년~9년 미만	10
	6개월~1년 미만	2	9년~10년 미만	11
	1년~2년 미만	3	10년~11년 미만	12
	2년~3년 미만	4	11년~12년 미만	13
	3년~4년 미만	5	12년~13년 미만	14
	4년~5년 미만	6	13년~14년 미만	15
	5년~6년 미만	7	14년~15년 미만	16
	6년~7년 미만	8	15년 이상	17
	7년~8년 미만	9		

청약가점은 총 100점이다. 청약점수는 무주택 기간(최대 32점), 부양가족 수(최대 35점), 저축 기간(최대 17점)으로 구성되어 있다. '무주택 기간'은 세대주가 만 30세 되는 날(만 30세 이전에 결혼하면 결혼 시점부터)부터 산정한다.

'부양가족'은 주민등록등본에 등재된 세대원을 의미한다. 부양가족 수에 따라 청약가점이 달라진다. 부양가족으로 인정받기 위해 부모님은 요양 시설이나 해외가 아니라 한 주택에 함께 거주해야 한다. 자녀는 결혼이 아닌 미혼이어야 부양가족으로 인정한다.

오랫동안 무주택자이며 부양가족이 많고, 청약통장 저축 기간이 길면, 청약가점이 높아서 주택 청약에 당첨될 확률이 높다.

(2) 주택 청약, 청약홈 활용하기

주택청약은 한국부동산원의 **청약홈[www.applyhome.co.kr]**에서 신청한다. 그리고 왼쪽 메뉴의 [청약일정 및 통계]에서는 청약 캘린더(일정)를 볼 수 있다.

청약 캘린더에서는 이번 달 청약하는 아파트를 확인할 수 있다. 아파트 분양공고에는 공급 위치, 공급 규모, 청약 일정, 청약 금액 등 세부사항이 나와 있다.

□ 청약캘린더(청약일정)
2023
오늘
1 2 3 4 5 6 7 8 9 10 11 12
공급유형
공급지역
· 일정을 확인하고 싶은 공급유형을 선택해주세요.
✓ APT
✓ 민간사전청약 APT
✓ 오피스텔/생활숙박시설/도시형생활주택/민간임대
✓ 공공지원민간임대
✓ 특별공급
✓ 1순위
✓ 2순위
✓ 무순위
✓ 임의공급
✓ 취소후재공급
✓ 특별공급
✓ 1순위
✓ 2순위
월
화
수
목
금
1
울산 다운2지구 우미린 더 …
탕정 푸르지오 리버파크
관저 푸르지오 센트럴파크 …
관저 푸르지오 센트럴파크 …
군산 레이크시티 아이파크
논산 푸르지오 더 퍼스트
동탄신도시 금강펜테리움 …
이문 아이파크 자이
이천자이 더 리체
철산자이 브리에르
브라운스톤 여월
2
부천 JY 포에시아
울산 다운2지구 우미린 더 …
탕정 푸르지오 리버파크
브라운스톤 여월
3
부천 JY 포에시아
6
고촌센트럴자이
더샵 의정부역 링크시티
도봉 금호어울림 리버파크
의정부 푸르지오 클라시엘
회천중앙역 대광로제비앙(…
오산세교 세마역에듀파크 …
오산세교 센트럴파크 공가…
화성동탄 센트럴포레스트 …
감일 푸르지오 마크베르 계…
7
고촌센트럴자이
더샵 의정부역 링크시티
도봉 금호어울림 리버파크
의정부 푸르지오 클라시엘
회천중앙역 대광로제비앙(…
오산세교 세마역에듀파크 …
오산세교 센트럴파크 공가…
화성동탄 센트럴포레스트 …
감일 푸르지오 마크베르 계…
8
고촌센트럴자이
더샵 의정부역 링크시티
도봉 금호어울림 리버파크
의정부 푸르지오 클라시엘
회천중앙역 대광로제비앙(…
e편한세상 시티 천안아산역
부천 일루미스테이트
서울 G VALLEY 리티포레…
옥천역 금호어울림 더퍼스…
9
의왕 센트라인 데시앙
부천 일루미스테이트
서울 G VALLEY 리티포레…
옥천역 금호어울림 더퍼스…
10
의왕 센트라인 데시앙
부평 신일해피트리 더루츠(…
서울 G VALLEY 리티포레…

관심 있는 모집공고를 발견하면 꼼꼼히 확인하고 청약 신청하기 바란다. 청약에 당첨되면 분양 계약을 체결하고, 새로 지어지는 주택을 내 집으로 마련할 수 있다.

2

저렴할 때 부동산 매매하기

주택 청약은 특별 공급에 당첨되거나, 청약가점을 모아 일반공급에 당첨될 수 있다. 그런데 2023년 1월부터 8월까지 서울 아파트의 평균 당첨 최저점은 59.5점이었다. 59.5점은 40대가 모을 수 있는 점수로, 20~30대나 사회초년생은 특별 공급에 해당하지 않는다면 청약 당첨이 어렵다.

청약이 아니더라도 내 집을 마련하는 방법이 있다. '저렴한 가격'에 집을 매매하면 된다. 부동산 경기 침체로 집값이 하락했을 때 사야 한다. 그렇다면 집값이 저렴한지 어떻게 알 수 있을까? '미분양 물량, 공급·입주 물량, 전세가율' 3가지 신호를 확인하면 집을 살 타이밍을 알 수 있다.

1) 미분양 물량

부동산 경기가 침체하고 집값이 하락하면 '미분양'이 발생한다. 기존 집도 팔리지 않고 가격이 하락하는 상황에서 분양을 받지 않기 때문이다.

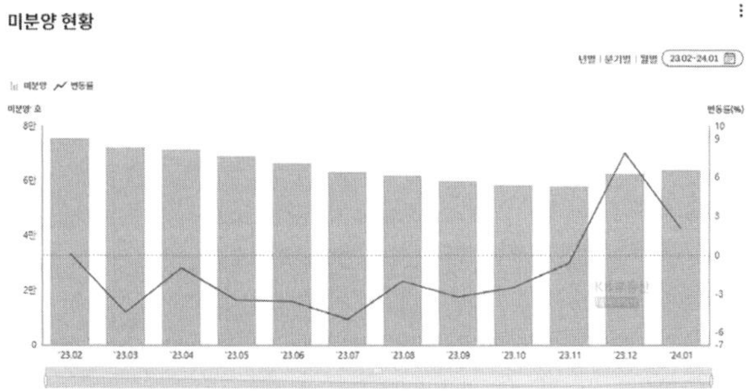

구분	'23.02	'23.03	'23.04	'23.05	'23.06	'23.07	'23.08	'23.09	'23.10	'23.11	'23.12	'24.01
미분양	75,438	72,104	71,365	68,865	66,388	63,087	61,811	59,806	58,299	57,925	62,489	63,755
변동률(%)	0.1	-4.42	-1.02	-3.5	-3.6	-4.97	-2.02	-3.24	-2.52	-0.64	7.88	2.03

그러나 부동산 경기가 좋아지고 집값이 반등하면, 미분양을 계약하기 때문에 미분양이 감소한다. 따라서 미분양이 많거나, 미분양 물량이 급격하게 감소할 때가 집값이 저렴할 확률이 매우 높다.

2) 공급량과 입주 물량

공급물량이 많으면 집값이 하락할 확률이 높다. 수요와 공급에 따라 주택 공급이 많으면 가격이 하락하기 때문이다. 또한, 입주 물량이 많으면 입주 물량이 전세 매물로 나온다. 이때 전세가는 낮아지고, 매매 가격도 영향을 받는다. 따라서 공급 물량과 입주 물량이 많은 기간에는 집값이 저렴하다.

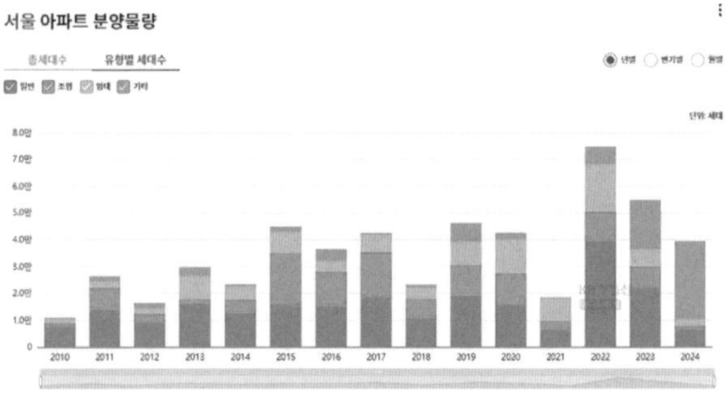

구분	12	2013	2014	2015	2016	2017	2018	2019	2020	2021	2022	2023	2024
일반	12 6%)	16,417 (55.2%)	12,895 (55%)	15,623 (34.8%)	15,496 (42.5%)	18,613 (43.9%)	10,740 (46.1%)	19,337 (41.9%)	16,009 (37.7%)	6,727 (36.5%)	39,450 (52.8%)	21,832 (39.8%)	6,507 (16.5%)
조합	07 5%)	1,565 (5.3%)	4,742 (20.2%)	19,449 (43.4%)	12,724 (34.9%)	16,721 (39.5%)	7,263 (31.2%)	11,172 (24.2%)	11,364 (26.7%)	3,143 (17%)	10,952 (14.7%)	8,250 (15%)	1,474 (3.7%)
임대	28 %)	8,390 (28.2%)	4,779 (20.4%)	7,704 (17.2%)	3,722 (10.2%)	6,227 (14.7%)	3,750 (16.1%)	8,551 (18.5%)	12,748 (30%)	8,128 (44.1%)	17,603 (23.6%)	5,940 (10.8%)	2,169 (5.5%)
기타	96 %)	3,387 (11.4%)	1,009 (4.3%)	2,075 (4.6%)	4,522 (12.4%)	820 (1.9%)	1,525 (6.6%)	7,097 (15.4%)	2,367 (5.6%)	451 (2.4%)	6,705 (9%)	18,885 (34.4%)	29,204 (74.2%)

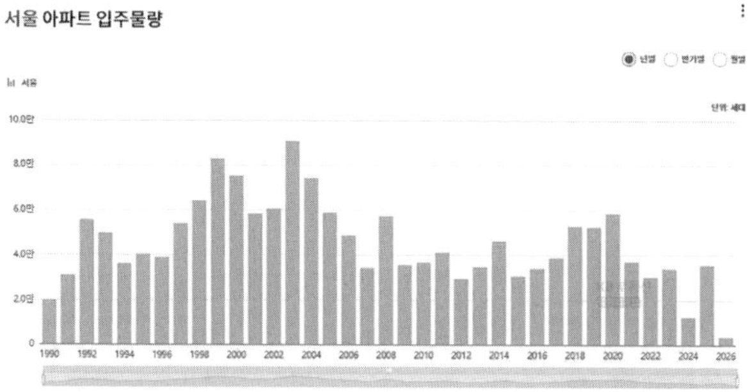

구분	14	2015	2016	2017	2018	2019	2020	2021	2022	2023	2024	2025	2026
서울	149	30,369	33,881	38,825	52,727	52,434	58,452	37,022	30,115	33,850	12,281	35,456	3,517

3) 전세가율

전세가율은 매매 가격 대비 전세 가격의 비율이다. 매매 가격은 높은데 전세 가격이 낮아서 전세가율이 낮으면 '비싸게 집사기보다 전세로 살자'라는 생각을 하게 된다. 즉 매매 수요는 감소하고 전세 수요가 증가한다. 그래서 매매 가격은 하락하고 전세 가격은 상승한다.

그러나 시간이 흘러 전세 가격이 상승하면 전세가율은 높아진다. 이때는 '비싸게 전세로 살기보다 돈을 조금 더 주고 집을 사자'라고 생각한다. 따라서 전세가율이 낮았다가 높아지는 경우, 집값이 저렴할 확률이 높다.

미분양이 많거나 급격하게 감소하는 경우, 공급량과 입주 물량이 많은 경우, 그리고 전세가율이 낮았다가 점점 높아지는 경우에 집값은 저렴하다. 집값이 충분히 낮아진 것을 확인했다면 집을 마련할 타이밍이다.

4) 손품 팔기

이번에는 좋은 집을 마련하는 법을 알아보겠다. 좋은 집을 마련하려면 직접 '손품'과 '발품'을 팔아야 한다. 먼저 손품이란 인터넷을 통해 자료를 조사하는 것이다. 다음 3가지를 정리하자.

① 어느 지역에 집을 살까?

② 어떤 아파트를 살까?

③ 시세는 어느 정도인가?

먼저 '어느 지역'에 집을 살지 결정한다. 자신이 갖고 있는 돈과 라이프 스타일, 직장과의 거리, 역세권 등을 고려해서 지역을 선택해야 한다. 예를 들어, 강남에 있는 직장을 다니고 대출을 포함해 6억의 예산이 있다면,

미사 강변, 강서구, 은평구를 선택할 수 있다.

다음으로 선택한 지역에서 사고 싶은 아파트를 선택한다. 좋은 학군, 많은 세대수, 역세권에 있는 아파트가 살기에 좋으며 가격이 오를 확률이 높다. 학군이 좋은 아파트는 자식 교육에 진심인 한국인에게 매수 1순위 아파트이기 때문이다.

또한, 세대수가 많은 대단지 아파트는 관리비가 저렴하고, 생활편의시설과 상권이 잘 형성되어 있다. 역세권 아파트는 지하철을 편리하게 이용하는 장점이 있다. 따라서 '학군, 대단지, 역세권 아파트'가 사람들의 선호도가 높고 가격 상승률도 높다.

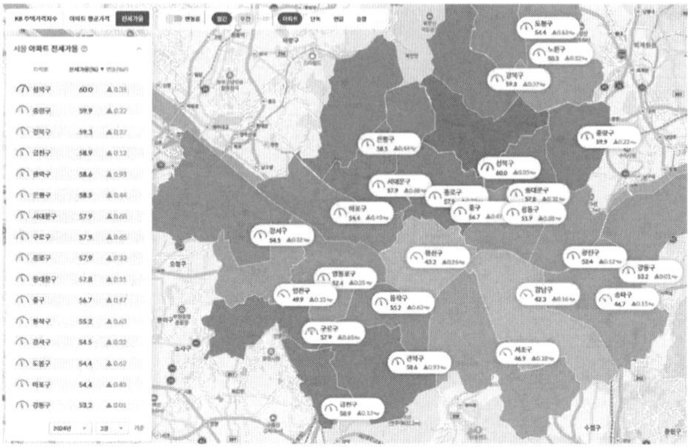

마지막으로 사고 싶은 매물의 실거래가를 확인하여 시세를 확인한다. 실거래가는 네이버부동산과 KB 부동산을 통해 확인할 수 있다. 그러나 같은 아파트라도 층과 동의 위치에 따라 가격이 달라진다. 아파트 층은 중층에서 꼭대기 바로 아래층까지가 비싸고, 꼭대기층과 저층이 저렴하다.

중층에서 꼭대기층 바로 아래층까지를 '로얄층'이라고 부른다. 로얄층의 장점은 채광과 조망권이 확보되어 있다는 것이다. 아파트 동의 위치는 남향 배치, 그리고 앞에 건물이 없어 탁 트인 전망일수록 비싸다. 남향,

남동·남서향 위치에 전망이 좋은 동은 '로얄동'으로 불리며 다른 동보다 가격이 비싸다.

5) 발품 팔기

손품으로 사고 싶은 매물을 모두 정리했다면, 중개사에게 연락하여 매물을 내 눈으로 직접 확인하자. 발품을 팔 때는 혼자보다 2명 이상 함께 집을 보는 것이 좋다. 미처 내가 발견하지 못한 부분을 다른 사람이 발견할 수 있기 때문이다.

발품을 팔면서 꼼꼼하게 매물을 확인하고, 중개사에게 궁금한 부분을 물어본다. '왜 집주인이 집을 팔려고 하는지, 요즘 아파트 분위기는 어떤지, 향후 지역과 아파트 호재는 무엇인지' 등을 확인하는 게 좋다.

또한, 매물을 보자마자 계약하기보다 같은 아파트에 있는 다른 층수와 동의 아파트도 함께 확인한다. 여러 매물을 보면 장단점을 쉽게 확인할 수 있고, 어떤 집이 나와 맞는지 알 수 있다. 집을 살 때는 매수자가 갑이다. 그러니 조급해하지 말고 여유 있게, 그리고 꼼꼼하게 집을 보는 것이 중요하다.

6) 가계약금, 계약금, 잔금

오랜 고민 끝에 집을 사기로 결정하면 중개사가 집주인 계좌로 '가계약금'을 보내라고 한다. 가계약금을 보내고 계약일을 잡아 부동산 계약을 진행하면 된다. 가계약금 통상 100만 원에서 500만 원 정도이다.

계약 시 매매대금의 10%를 납부해야 하며, 입주일 또는 잔금 납부일에 나머지 90%를 납부하면 된다. 잔금일에는 공인중개사 중개보수와 법무사 등기비용이 추가로 들어가기 때문에 이러한 부분을 고려하여 잔금과 부대비용을 마련하자.

지금까지 내용을 정리하면 집을 살 때는 먼저 '미분양, 공급물량과 입주 물량, 전세가율'로 집값이 저렴한지 확인한다. 그다음 손품과 발품을 팔면서 직접 면밀하게 확인한다. 마지막으로 계약하고 중도금과 잔금을 납부하면 된다. 이렇게 하면 저렴한 시기에 내 집을 마련할 수 있다.

또한, 부동산 경기가 좋아지면 내가 매수한 집의 가격이 오를 확률이 높다. 물론 내가 내 눈으로 직접 꼼꼼히 확인했기 때문에 실거주하기에도 아주 좋은 집을 마련할 수 있다.

3

부동산 경매와 공매로 낙찰 받기

1) 부동산 경매

경제가 나빠지고 집값이 하락하면, 무리하게 대출을 받은 사람들의 부동산이 경매로 나온다. 부동산 경매는 저렴하게 집을 마련할 수 있으면서도 절차만 알면 안전하게 낙찰받을 수 있다. 경매로 내 집을 마련하는 법을 알아보자.

(1) 경매 물건과 일정 검색

채무자가 돈을 갚지 못하면, 법원은 채권자의 요청에 따라 채무자 재산(부동산, 자동차 등)에 대해 경매를 진행한다. 경매로 가장 많이 나오는 물건이 아파트다. 경매는 누구나 참여할 수 있고, 가장 높은 금액으로 입찰한 사람이 낙찰받는다.

경매 물건과 일정은 **법원경매정보[courtauction.go.kr]**에서 확인할 수 있다. 홈페이지 중앙에 있는 '빠른물건검색' 메뉴를 통해 내가 관심 있는 지역에 경매로 나온 아파트를 조회해본다.

경기도 수원시 아파트를 조회했다. 매탄동 힐스테이트 아파트이고, 수원법원에서 진행되며, 2023년 11월

16일 1차 경매를 진행했으나 아무도 입찰하지 않아 유찰되었다. 1차 경매가 유찰되었기 때문에 2023년 12월 19일 2차 경매를 진행한다. 해당 물건에 대한 정보는 매각물건명세서, 현황조사서, 감정평가서에 나와 있다.

이렇게 대법원 경매사이트에서 경매 물건을 조회할 수 있다. 그런데 경매에 참여하는 분들은 대부분 유료 경매 사이트를 이용하고 있다. 그 이유는 권리분석이 다 되어있고, 화면이 깔끔해서 보기 편하기 때문이다. 참고로 유료 경매 사이트는 스피드경매, 지지옥션, 옥션원이 있다.

(2) 경매 참가부터 낙찰과 대출까지

경매 참가를 위해서는 입찰하고 싶은 물건이 어디 지방법원에서 진행되는지, 날짜와 시간이 어디인지 먼저 확인한다. 그리고 신분증, 도장(인감 또는 막도장), 입찰보증금을 준비한다. 입찰보증금은 현금이나 수표만 가능하고, 최저매각가액의 10%를 준비해야 한다.

경매 당일에는 지방법원의 경매법정에 들어가서 입찰표, 매수신청보증금봉투, 입찰봉투를 받아온다. 입찰표는 입찰가를 작성하는 표이고, 보증금봉투는 입찰보증금을 넣는 봉투이며, 입찰봉투는 작성한 입찰표와 보증금봉투를 넣는 봉투다. 어떻게 작성하는지, 어디에 도장을 찍으면 되는지 봉투에 자세히 나와 있다.

경매 입찰은 일반적으로 10시부터 시작해서 11시 10분까지 진행하며, 11시 30분에 집행관이 결과를 발표한다. 입찰을 시작하면 마감 시간까지 입찰표, 매수신청보증금봉투, 입찰봉투를 작성하여 법정에 제출하고 기다린다. 이후 집행관이 발표하는 경매결과를 확인하면 된다.

경매 낙찰을 받으면 경매일로부터 2주일 후에 법원에서 매각허가 결정을 하고, 집으로 대금지급기한 통지서를 발송한다. 경매 입찰 시 10%를 입찰보증금으로 냈으니, 나머지 90% 잔금을 1달 이내로 법원에 납부하라는 통지서다.

경매 당일 법정에 가면 경매 낙찰시 잔금 대출을 소개해주는 대출상담사와 법무사 사무실 아주머니들이 있다. 명함과 경락잔금대출 안내문을 준다. 미리 다 받아놓았다가 낙찰을 받게 되면 연락하여 가장 유리한 대출을 이용하자. 지금처럼 부동산 경기가 나쁠 때는 저렴한 경매 물건들이 많이 나온다.

2) 부동산 공매

경기가 나빠지면 세금을 납부하지 못하는 분들이 생긴다. 세금을 체납하면 정부는 체납자 재산에 압류를 설정하고 공매를 진행한다. 공매에 나오는 재산에는 아파트, 자동차, 시계 등 많은 물건이 있다. 따라서 공매를 통해 저렴한 가격에 집을 마련할 수 있다. 공매로 내 집을 마련하는 법을 알아보자.

공매는 법원에 가야 하는 경매와 달리 한국자산관리공사의 **온비드 사이트[onbid.co.kr]**를 통해 참여할 수 있다. 언제 어디서든 인터넷과 스마트폰 온비드 앱으로 공매에 참여할 수 있다. 공매에 참여하기 위해서 먼저 '온비드 사용법'을 알아보자.

먼저 온비드 사이트에 회원가입을 하고 부동산을 조회한다. 부동산을 누르면 지도검색과 상세검색이 있다. 상세검색에서 처분방식은 매각을, 용도는 주거용건물과 아파트를, 소재지는 내가 원하는 지역을 선택하고 검색한다.

물건이 조회되고 마음에 드는 물건을 골라 '공고/상세'를 자세하게 확인한다. 입찰하고 싶은 물건이 있다면 입찰 기간에 맞게 입찰서를 제출하고, 입찰보증금을 납부계좌에 납부하면 된다. 단 입찰 후에는 입찰을 취소하거나 입찰한 내용을 변경할 수 없다. 해당 부동산의 정보를 정확히 파악하고, 입찰할 금액을 정확히 입력하여 입찰서를 제출해야 한다.

온비드에서는 매년 '온비드 공매'로 낙찰받은 분 중에 우수사례를 선정한다. 지난 2021년 온비드 우수사례는 군부대의 자판기를 낙찰받아서 매달 고정적인 수익을 만든 사례였다. 공매를 진행하다가 잘 모르는 경우가 발생한다면 온비드 고객센터[1588-532]로 전화해서 문의할 수 있다.

◇

지금까지 경매와 공매로 내 집을 마련하는 법을 알아보았다. 경매는 법원에 방문해야 하며 공매는 편리하게 참여할 수 있다. 그러나 경매와 공매 모두 입찰 후에는 입찰을 취소하거나 입찰 내용을 변경할 수 없다.

4

재개발과 재건축 투자

서울에서 신청할 수 있는 주택 청약은 대부분 재개발 재건축 아파트다. 이미 수많은 아파트와 건물들이 있어서 빈 땅이 없기 때문이다. 빌라와 주택을 정리하거나 기존에 있는 아파트를 부수고 새로 짓는 '재개발 재건축 투자'에 주목해야 한다.

재개발 재건축 아파트는 이미 아파트나 빌라, 주택을 소유한 조합원에게 분양하고, 잔여 물량만 청약 신청이 가능하므로 경쟁이 치열하다. 그러나 조합원으로서 신축 아파트를 먼저 분양받을 수 있다. 재개발 재건축 투자로 내 집을 마련하는 법을 알아보자.

1) 재개발과 재건축의 차이

2022년 인구주택총조사에 따르면 20년 이상 된 주택은 총 52.2%이고, 30년 이상 된 주택은 23.5%라고 한다. 그만큼 오래되고 낡은 주택이 많다. 그럼 재개발과 재건축은 무엇일까? '재개발'은 빌라나 단독주택을 부수고 새로운 아파트를 짓는 사업이고, '재건축'은 오래된 아파트를 부수고 새로운 아파트를 짓는 사업이다.

마용성(마포구, 용산구, 성동구를 줄인 말)의 대장 아파트인 마포래미안푸르지오와 신길뉴타운도 모두 재개발 사업으로 만들어졌다. 원래 가파른 언덕과 좁은 골목에 다닥다닥 붙은 빌라와 단독주택이 있었는데, 깔끔하게 허물고 웅장한 신축 아파트가 들어섰다.

2) 재개발 재건축의 장점과 단점

재개발과 재건축의 장점으로 3가지가 있다.

첫째, 저렴한 가격으로 신축 아파트를 분양받을 수 있다.
둘째, 사업 상황에 따라 수익이 발생할 수 있다.
셋째, 대출이 잘 나온다(이주비 대출, 부담금 대출, 잔금 대출 등).

그러나 상가 주민, 종교 시설 등의 반대로 사업이 계속 연기되거나 진행되지 않을 수도 있다. 장위 10구역 재개발 구역은 2017년 착공을 진행하려고 했지만, 해당 지역의 교회로 인해 2024년 10월에 착공한다고 밝혔다. 무려 7년이나 사업이 연기된 것이다.

따라서 재건축 재개발 사업을 위해서는 주민들의 협조와 단합력이 매우 중요하다. 해당 지역에 종교 시설이나 상가, 단독주택의 비율은 얼마나 되는지, 또 주민들이 얼마나 적극적으로 찬성하고 있는지가 핵심 요소다.

3) 재개발 재건축 사업의 절차

재개발 재건축 사업은 다음과 같은 순서로 진행된다. [정비계획 수립 → (안전진단) → 정비구역 지정 → 조합설립 인가 → 사업시행 인가 → 관리처분 계획 → 일반분양/착공 → 준공/입주청산]이다. 재건축과 재개발 절차에 대해 차례대로 알아보자.

(1) 정비계획 수립과 안전진단

재건축 재개발 정비계획이 수립되면 재건축 사업은 안전진단이 필요하다. 안전진단 항목에는 구조안정성, 주거환경, 설비노후도, 비용편익 등 4개 항목이 있다. 항목에 따라 평가가 이루어지며 평가 점수에 따라 재건축 여부가 결정된다. 그러나 재개발 사업은 안전진단을 받을 필요가 없다.

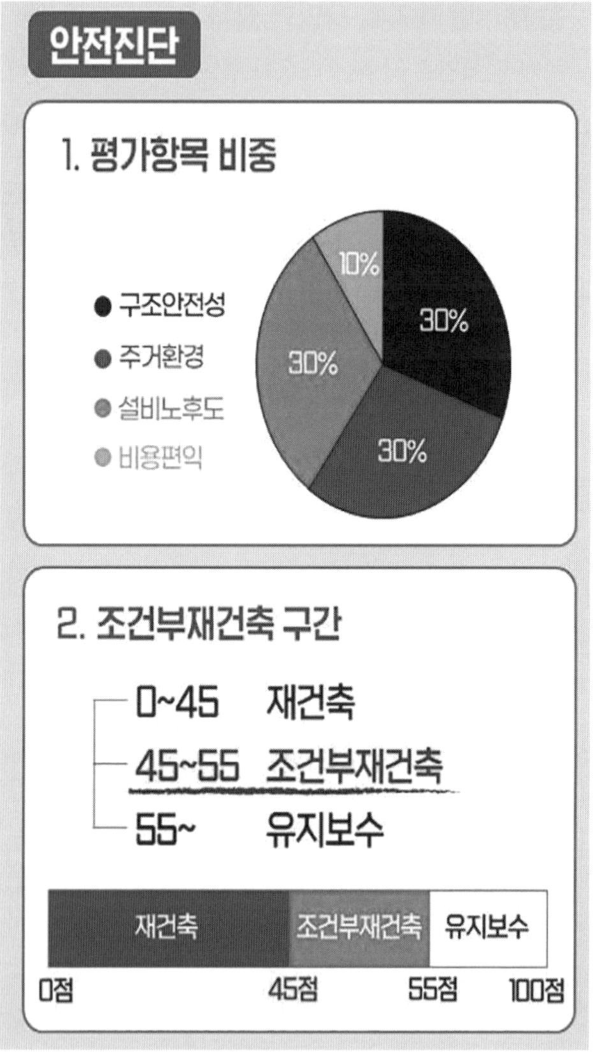
안전진단
1. 평가항목 비중
구조안전성
주거환경
설비노후도
비용편익
10%
30%
30%
30%
2. 조건부재건축 구간
0~45 재건축
45~55 조건부재건축
55~ 유지보수
재건축
조건부재건축
유지보수
0점
45점
55점
100점

(2) 정비구역 지정

재개발 재건축 사업을 관할하는 지자체에서 정비구역 지정 고시를 발표한다. 지도에 '여기서부터 여기까지는 재건축 정비하겠습니다'라고 공식적으로 발표하는 것이다. 그러면 해당 지역의 주민들이 조합설립추진위원회를 설립하고 지자체에 조합 설립을 신청한다.

가. 정비구역 지정(변경)조서

구분	정비 사업 명 칭	위 치	면 적(㎡)			비 고
			기 정	증감	변경	
신규	송파동 100번지 주택재건축 정비사업	송파구 송파동 100번지일대	-	증) 24,924.7	24,924.7	

주) 예정구역면적 : 2.5ha

나. 지정사유

- 본 구역은 서울특별시 도시·주거환경정비기본계획 변경(2010. 11. 25)에 의거 주택재건축정비사업 예정구역(송파6구역)으로 지정 고시된 지역임.

- 사업대상지인 송파동 100번지 일대는 정비기반시설은 양호하나 대부분의 단독주택 및 다세대주택은 준공된지 20년 이상 경과된 노후·건축물로서 주거환경이 열악한 지역으로

- 기 개발된 주변(북측)지역과 균형발전을 유도하고, 도시기반시설을 재정비하기 위하여 주택재건축 정비구역 지정요건(예정 세대수 : 200세대이상, 구역면적 : 10,000㎡이상, 노후도 2/3이상)을 충족하는 당해지역에 주택재건축정비사업을 시행함으로써 주거환경과 도시미관의 개선을 도모하고자 함

- 이에 따라 적정한 개발단위 확보로 경제성을 제고하고 개발에 따른 적절한 기반시설 용량과 주변개발 추세와의 균형을 도모하고자 하며, 계획적인 토지이용계획의 실현과 도시환경을 개선하고 주민생활의 편익증진 및 주거생활의 질적 향상을 위하여 도시 및 주거환경정비법 제4조에 따라 주택재건축 정비계획 수립 및 정비구역을 지정하고자 함.

(3) 조합설립 인가

지자체에서 조합설립 신청 인가를 하면 조합 설립이 완료된다. 이후 사업을 담당할 건설사를 선정할 수 있다. 어떤 아파트 브랜드로 정할지 결정하는 것이다. 또한, 지자체의 건축심의위원회를 통과해야 한다. 사업을 통해 도시 미관이 아름다워지고 공정성과 안전성을 확보했는지 확인하는 절차다.

재건축	개포주공6,7단지아파트 재건축정비사업조합	개포동 185	조합설립인가
재건축	논현청학아파트재건축정비사업 조합	논현동 62-3	조합설립인가
재건축	대성연립주택재건축정비사업조합	논현동 191-4	조합설립인가
재건축	은마아파트 재건축정비사업조합	대치동 316	조합설립인가
재건축	개포우성4차아파트 주택재건축정비사업조합	도곡동 465	조합설립인가
재건축	압구정아파트지구 특별계획구역③ 재건축정비사업 조합	압구정동 369-1	조합설립인가
재건축	압구정아파트지구 특별계획구역② 재건축정비사업조합	압구정동 434	조합설립인가

(4) 사업시행 인가

사업시행 인가는 아파트 건축 사업을 계획하는 단계다. 조감도를 만들고, 층수 세대수 건축계획을 세우고, 조합원 물량, 임대주택 물량, 일반물량으로 구분한다. 조합원은 신축 아파트를 먼저 분양받을 수 있다. 분양가에서 기존에 소유한 아파트, 빌라, 주택에 가치를 차감한 금액만 부담하면 된다. 신축 아파트에서 로얄층(중층에서 꼭대기)과 로얄동 아파트는 조합원들이 먼저 분양받을 수 있다.

(5) 관리처분 인가와 일반 분양

마지막으로 관리처분 인가와 일반 분양이다. 신축 아파트에서 조합원 아파트를 제외하고 남는 물량은 일반 분양으로 진행한다. 일반 분양까지 완료하면 공사에 착수하고, 완공하면 드디어 신축 아파트에 입주할 수 있다.

4) 재개발 재건축 투자 방법

재개발 재건축 사업이 예상되거나 진행하고 있는 아파트와 빌라, 주택을 매수할 수 있다. 사업 순서에 따라 재개발 재건축이 진행되면서 투자 위험은 줄어들고, 신축 아파트가 건설될 확률은 높아진다. 그러나 사업이 진행될수록 투자금은 더욱 높아진다.

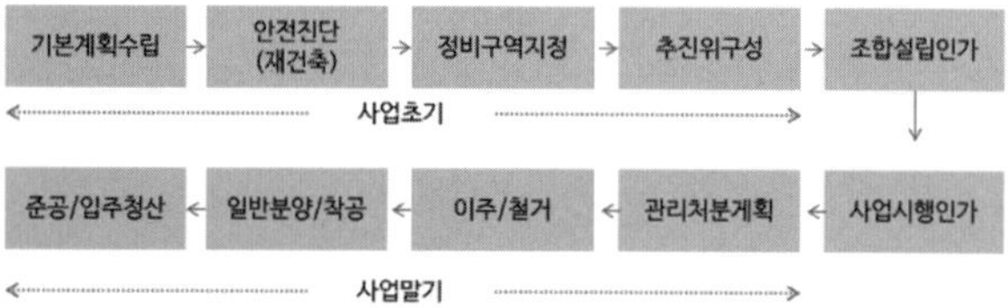

예산이 부족하다면 [기본계획 수립] 이후로 투자가 가능하다. 이때는 비교적 적은 돈으로 조합원이 될 수 있다. 그러나 위험성을 낮추고 빨리 신축 아파트에 입주하고 싶다면, [사업시행 인가] 전후로 진입해야 한다. 사업 시행 인가를 받으면 아파트 착공이 빠른 속도로 진행되기 때문이다.

나도 사회초년생 때 예산이 부족해서 기본계획 수립이 완료된 빌라에 투자했었다. 총 3,310세대의 아파트로 구성할 예정이며, 이 중 2,600세대는 조합원 분양과 일반 분양 물량으로, 710세대는 임대주택으로 진행될 예정이다.

조합원으로서 아파트를 분양받으면, 조합원 분양가에서 내가 소유한 빌라의 가치를 제외한 금액을 납부해야 한다. 재개발 재건축 투자는 오래 걸릴 수 있어서 재개발 빌라나 재건축 아파트를 미리 구매하여 거주하다가 조합원 아파트를 분양받는 방법으로 내 집 마련을 할 수 있다.

5

전세를 활용하는 갭투자

경제가 안 좋은데도 중앙은행에서 금리를 인상하면 부동산 시장이 하락할 수밖에 없다. 그러면 아파트 매매 가격과 전세 가격이 하락한다. 그러나 전세는 수요가(실수요가) 전세 가격을 받쳐주기 때문에 일정한 수준에서 유지된다. 이렇게 매매가 대비, 전세 가격 비율인 전세가율은 높아지고 매매 가격과 전세 가격의 차이인 갭이 작아진다.

'갭투자'란 매매 가격과 전세 가격의 차이만큼 돈을 투자하여 집을 마련하는 방법이다. 예를 들어 아파트 가격이 5억 원이고 전세 가격이 4억 2천만 원이라면, 매매 가격과 전세 가격의 차이인 갭 8천만 원과 전세로 받은 보증금 4억 2천만 원으로 집을 마련할 수 있다.

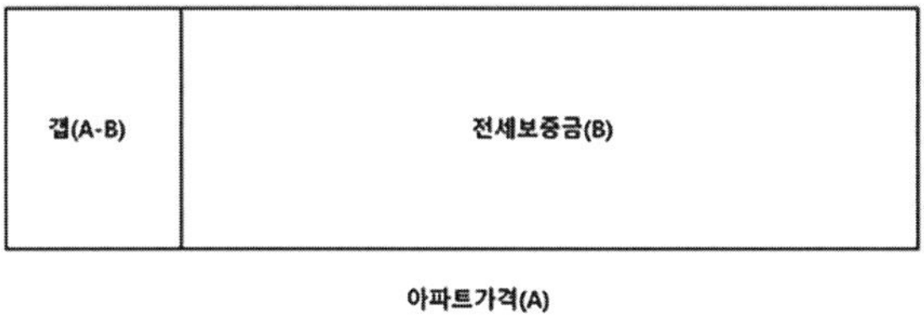

전세가율 : 아파트가격 대비 전세보증금 비율

갭투자를 하는 이유는 미래에 살고 싶은 집의 가격이 오르기 전에 미리 집을 마련하기 위해서다. 먼저 갭으로 집에 투자하고, 주택담보대출과 그동안 모은 돈으로 전세보증금을 마련하여 전세 세입자를 내보내고 입주할 수 있다.

1) 성공적인 갭투자 3가지 비법

성공적인 갭투자를 위해서는 3가지 기준을 만족하는 집에 투자해야 한다. ①미래에 실거주할 계획이 있고, ②전세가율이 일정 기준 이상이며, ③주택담보대출과 모은 돈으로 전세보증금을 충분히 마련할 수 있는 집이어야 한다.

첫째, 미래에 실제로 거주할 집이어야 한다.

갭투자 후 가격이 소폭 하락하더라도 미래에 실제로 거주할 수 있다면 상승할 때까지 열심히 돈을 모을 수 있다. 그러나 단순히 투기 목적으로 갭투자를 했다가 가격이 하락하면 굉장히 버티기 어렵다. 결국 기다리지 못하고 큰 손실을 보면서 집을 팔게 된다.

둘째, 전세가율이 일정 기준 이상이어야 한다.

전세가율이 서울은 60~70%, 수도권은 70~80%, 지방은 80~90% 이상이어야 갭 투자금이 적게 들고, 집값이 하락할 위험이 적다. 전세가율이 낮으면 매매 가격이 전세 가격보다 높다는 뜻으로, 집값이 하락할 위험이 높다.

셋째, 주택담보대출과 모은 돈으로 전세보증금을 마련할 수 있는 집이어야 한다.

갭이 작다고, 즉 투자금이 적게 든다고 무리하게 투자하면 절대 안 된다. 실제로 거주하기 위해서는 전세보증금만큼 돈을 모으고 대출을 받아야 하기 때문이다.

2) 갭투자의 장점

갭투자를 통해 집을 마련하면 다음과 같은 장점이 있다.

첫째, 인플레이션을 방어할 수 있다.

둘째, 돈을 모을 수 있다.

셋째, 대출로 안전하게 내 집에 입주할 수 있다.

매년 물가가 크게 상승하고 있다. 집값은 비싸서 1~2%만 상승해도 몇백만 원에서 몇천만 원이 상승한다. 이런 상황에서 단순히 월급을 저축하거나 돈을 모아 집값을 마련하는 것은 불가능하다.

따라서 집값이 저렴하다고 판단되고, 내가 마련할 수 있는 수준의 집을 발견했다면 갭투자를 통해 마련해보는 것도 좋은 내 집 마련 방법이다.

그런데 한편에서는 갭투자가 부동산 투기를 부추긴다는 비판과 지적이 있다. 물론 갭투자를 통해 부동산 거래가 많아지고 집값이 상승하는 요인이 될 수 있다. 그러나 갭투자는 세입자와 집주인에게 모두에게 도움이 되는 제도다.

실제로 많은 세입자가 월세보다 전세를 선호한다. 월세를 내는 것보다 전세대출을 통해 이자를 내는 것이 훨씬 저렴하기 때문이다. 갭투자는 시장에서 전세 매물을 공급하기 때문에 세입자의 주거비 부담을 덜어준다.

또한, 집주인은 집을 구매할 때 전세를 통해 전세 보증금을 무이자로 빌릴 수 있다. 원래 집을 구매할 때 대출을 받으면 비싼 이자를 납부해야 한다. 그러나 전세를 통해 무이자로 전세보증금을 빌릴 수 있으며 집을 구매할 수 있다.

따라서 갭투자를 무조건 부동산 투기 수단으로 바라보기 보다는 세입자에게 전세를 공급하여 주거비 부담을 낮춰주고, 집주인은 무이자로 목돈을 빌려 집을 마련할 수 있는 수단으로 보는 것이 바람직하다.

나는 앞으로 대한민국에서 갭투자로 집을 마련하는 방법이 더욱 대중화될 것으로 전망한다. 왜냐하면, 전 세계 203개국 중 대한민국에만 '전세'라는 제도가 존재하고, 국민 절반이 전세 제도를 이용하고 있기 때문이다[11].

---

11. 2024년 1분기 서울 전월세 거래 중 전세 비중은 46.9%이며, 2023년 10월 말 기준 전세대출 규모는 160조 원이다.

6

성공적인 상가 투자

코로나가 끝나고 다시 떠오르는 부동산이 있다. 바로 '상가 부동산'이다. 경제 불황과 금리 인상으로 아파트 가격이 하락하고 있다. 반면에 많은 사람이 모임과 회식을 재개하면서 상가 가격과 임대료는 다시 상승하고 있다. 상가 투자에 성공하려면 상가 부동산을 잘 선택해야 한다. 또한, 상가를 고를 때는 '상권 분석, 입지 분석, 상가 분석' 3가지를 확인하고 투자해야 한다.

성공적인 상가 투자에 필요한 3가지를 알아보겠다.

1) 상권 분석

상권은 아파트 주민이나 회사원 등 많은 사람을 위해 상가가 모여있는 권역이다. 상권 분석에서는 상권 인근에 얼마나 많은 유동인구가 있는지, 유동인구가 상권에서 얼마나 소비할 수 있는지를 확인해야 한다.

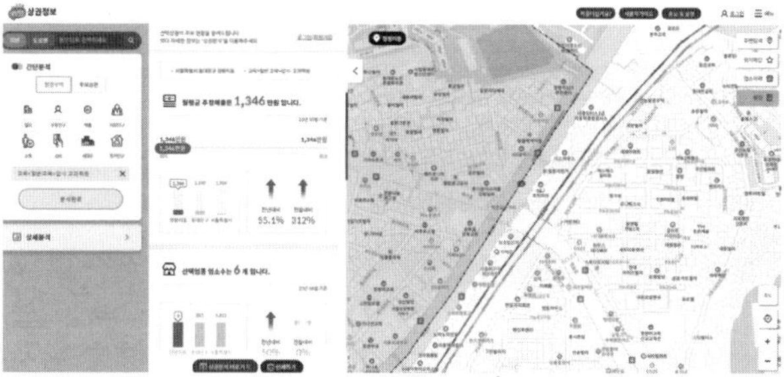

네이버에 '상권 분석'을 검색하면 중소벤처기업부에서 만든 상권정보 시스템이 나온다. 여기서 지역과 업종을 선택하면 매출액, 유동인구, 주거인구 등 해당 상권의 정보 확인이 가능하다. 회원가입만 하면 무료로 이용할 수 있다. 단 상권정보 시스템에 나오는 상권 분석은 '현재 기준'으로 분석되어 있다. 따라서 앞으로 상권이 좋아할지 나빠질지에 대한 예측이 필요하다.

2) 입지 분석

입지는 상권과 건물에서 상가의 위치를 의미한다. 상가 건물이 상권에서 어디에 있는지, 상가가 건물 안에서 어디에 위치하는지, 상가가 눈에 띄는지, 소비자가 접근하기 편리한지 확인해야 한다. 상가 건물이 상권에서 좋지 않은 곳에 있거나, 상가 위치가 좋아노 선면 상가가 아닌 후면 상가나 먹통 상가는 입지가 좋지 않아 임차인을 구하기도 어렵고, 가치가 오르지 않는다[12].

12. 후면 상가란 건물 전면이 아닌 후면에 위치한 상가를 의미하며, 먹통 상가란 도로에 접한 상가가 아니라 건물 내부로 들어가야만 입구를 찾을 수 있는 상가를 의미한다.

3) 상가 분석

상권과 입지가 모두 좋다면, 마지막으로 '상가 분석'을 해야 한다. 상가의 종류에는 '아파트 단지 내 상가, 도로에 있는 근린상가, 상가주택, 주상복합 아파트 상가'가 있다. 가장 추천하는 상가는 도로에 있는 '근린상가'다. 근린상가는 소비자 접근성이 좋고, 눈에 잘 띄어서 이용하는 사람들이 많다.

상가 부동산 중 근린상가가 가장 인기가 많다. 아파트 단지 내 상가는 배송과 배달로 거주민의 이용빈도가 예전보다 크게 감소하고 있으며, 상가주택은 투자에 필요한 자금 규모가 너무 크다. 주상복합아파트 상가는 분양가는 높고, 상권이나 유입 인구가 제한되어 있다. 따라서 근린상가에 투자하는 것이 좋다.

근린상가 중에 도로에 접해있는 근린상가를 선택해야 한다. 이때 대기업이 운영하거나 프랜차이즈, 금융기관, 병원, 편의점, 약국, 학원, 무인업종 등 영업이 잘되는 상가를 투자 대상으로 고려해야 한다.

근린상가의 위치는 1층이 가장 좋지만, 업종마다 상가의 위치가 다를 수 있다. 태권도 학원이나 종합 학원은 2층이나 4층 이상으로 갈 수 있고, 맘스터치나 코인 노래방은 2층이나 지하로도 갈 수 있다. 따라서 내가 유치하고 싶은 업종에 맞는 위치의 상가에 투자해야 한다.

4) 상가 구매 방법

상가를 구매하는 방법에는 '경매, 매매, 분양'이 있다. 그중 '경매'를 가장 추천한다. 기존 시세보다 저렴하게 매입해야 높은 수익률과 매매 차익을 거둘 수 있기 때문이다. 경매는 낙찰을 받으면 명도소송[13]없이 인도명령[14]과 강제집행으로 상가를 넘겨받는다. 게다가 낙찰받으면 경락잔금대출로 상가 가격의 80~90%까지 대출이 되기 때문에 자금 조달에 유리하다.

반면 매매는 상가 시세대로 사야 하고, 분양은 분양가가 너무 비싸기 때문에 추천하지 않는다.

또한, 상가에 권리금이 형성되어 있으면 상가 투자에 매우 좋다. 세입자가 3개월 이상 임대료를 납부하지 않으면 법적으로 임대인에게 상가를 비워야 한다. 세입자는 상가에 들어올 때 많은 권리금을 내고 들어왔다. 다음 세입자에게 권리금을 회수해야 하는데, 권리금 회수 기회를 박탈당하게 된다.

따라서 세입자는 권리금 회수를 위해 임대료를 꾸준히 낼 수밖에 없다. 상가 투자자는 안정적으로 임대료를 받을 수 있다. 만약 3개월 이상 세입자가 임대료를

---

13. '명도소송'은 소유자 이외의 사람이 부동산을 점유하고 있을 때 부동산을 넘겨받기 위해 진행하는 소송이다.

14. '인도명령'은 낙찰자가 점유자에게 부동산을 돌려달라고 했으나 거절하는 경우, 법원에 부동산 반환을 신청하는 것이다.

밀려서 상가를 비우게 되면, 권리금은 상가 투자자가 다음 세입자에게 받을 수 있다.

상가 투자는 안정적으로 임대료를 받을 수 있고, 매매 차익을 거둘 수 있어 관심을 가져야 한다.

7

매력적인 토지 투자

1) 토지 투자의 매력 3가지

경기가 좋을 때나 나쁠 때나 '토지 투자'는 안정적으로 상승한다. 그러다가 호재가 있거나 개발이 이루어지면, 몇 배 이상 오르는 부동산이다. 토지 투자의 매력에 대해 알아보자

(1) 꾸준히 가격이 오른다

토지를 투자하는 이유는 불경기에도 오르고, 경쟁이 적어서 쉽게 수익을 볼 수 있으며, 소액 투자가 가능하다. 앞서 말한 것처럼, 토지는 경기에 상관없이 꾸준하게 가격이 상승한다.

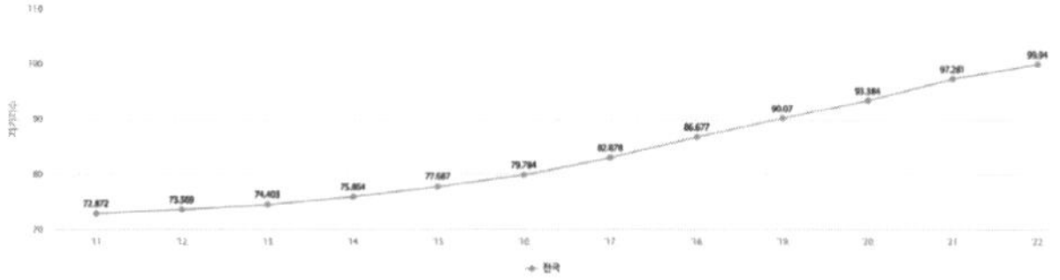

전국 지가지수를 살펴보면 매년 3%씩 꾸준히 올랐다. 지난 10년간 한 번도 떨어지거나 하락한 적이 없다. 물론 가격이 하락한 일부 토지도 있다. 그러나 평균적으로 3%가 오르는 만큼 토지 가격은 꾸준히 상승하였다.

(2) 경쟁이 적은 블루오션이다

아파트 청약이나 공모주, 주식, 코인 투자 등의 투자와 다르게, 토지 투자는 경쟁이 적어서 블루오션이고, 수익을 거둘 수 있다. 그러나 임장을 가려면 도시가 아닌 교외나 시골로 직접 가야 하고, 등기부등본, 토지대장, 토지이용계획원, 지적도 등 살펴봐야 할 서류도 많다. 경매나 공매에 참여하려면 직접 법원에도 가고 부지런히 발품을 팔아야 한다.

(3) 소액으로 투자가 가능하다

토지 투자는 소액으로도 할 수 있다. 아파트나 상가 투자는 많은 자본이 필요하며, 상황에 따라 대출도 몇 억을 받아야 한다. 반면 토지는 지역에 따라서 1천~5천만 원으로도 투자할 수 있다. 경매를 통해 토지를 낙찰받는 경우, 경락잔금대출을 80%까지 받을 수 있다.

그러나 토지 투자의 단점도 있다. 투자 기간이 최소 4~5년으로 오래 걸리고, 주식이나 코인, 아파트보다 유동성이 떨어져 거래로 이루어지기까지 어렵다.

2) 토지 투자 용어

토지 투자를 위해서는 '지목, 용도지역, 용도지구, 용도구역 ' 등 토지 투자 용어를 알아야 한다. 하나씩 간단하게 설명하겠다.

(1) 지목

'지목'은 이용 목적에 따라 토지를 구분한 법률 용어다. 총 28가지가 있는데 토지 투자에 필요한 6가지 지목만 알면 된다. **6가지 지목은 [전, 답, 과, 임, 대, 잡]이**

다. '전'은 밭, '답'은 논, '과'는 과수원, '임'은 임야, '대'는 대지, '잡'은 잡종지다.

토지는 주로 '전(밭)'과 '임(임야)'에 투자를 많이 한다. 왜냐하면, '답(논)'은 모내기를 위해 물을 채우고 도로보다 높이가 낮아 흙을 붓는 성토 작업이 필요하다. '임(임야)'도 숲을 없애고 땅을 평평하게 하는 토지 정지 작업을 해야 한다. 즉 추가 비용을 지출해야 한다.

또한, '대(대지)'나 '잡(잡종지)'은 건물을 지을 수 있는 땅이라 개발하기에는 좋지만, 이미 비싼 가격이어서 토지 투자로 남는 수익이 적을 가능성이 높다.

(2) 용도지역

토지는 사용하는 용도가 있다. 토지 용도에 맞게 국가는 '용도지역'을 지정한다. 토지 투자에서는 주거, 상업, 계획관리 지역을 투자해야 한다. 자연환경보전지역이나 녹지지역에 투자하면 개발을 할 수가 없으므로 가격이 오르지 않는다.

가. 용도지역 제도개요

○ 토지의 이용 및 건축물의 용도 · 건폐율 · 용적률 · 높이 등을 제한함으로써 토지를 경제적 · 효율적으로 이용하고 공공복리의 증진을 도모하기 위하여 서로 중복되지 않게 도시 · 군관리계획으로 결정하는 지역

대분류 (4개)	중분류 (9개)	소분류 (21개)
도시지역	주거지역	제1 · 2종전용, 제1 · 2 · 3종일반, 준주거
	상업지역	중심, 일반, 근린, 유통
	공업지역	전용, 일반, 준
	녹지지역	보전, 생산, 자연
관리지역	보전관리지역	보전관리
	생산관리지역	생산관리
	계획관리지역	계획관리
농림지역	농림지역	농림
자연환경보전지역	자연환경보전지역	자연환경보전

(3) 용도지구와 용도구역

'용도지역'이 가장 중요하고, '용도지구와 용도구역'은 아래 그림과 같이 용도지역을 보완한다고 이해하면 된다.

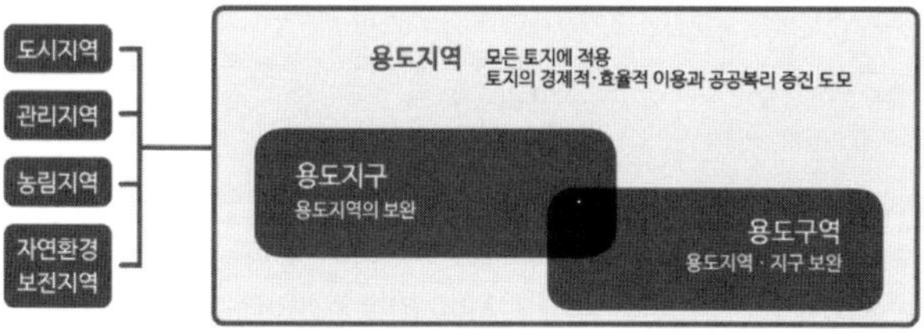

용도지구는 10개, 용도구역은 4개가 있다. 자칫 용도 지역, 용도지구, 용도구역 용어가 헷갈릴 수 있으니 다음 표를 한번 확인해보자.

지 구 명	지 정 목 적
(1) 경관지구	(1)경관을 보호 · 형성하기 위하여
①자연경관지구	①자연경관의 보호 또는 도시의 자연풍치 유지
②수변경관지구	②주요 수계의 수변 자연경관을 보호 · 유지
③시가지경관지구	③주거지역의 양호한 환경조성과 시가지의 경관보호
(2) 미관지구	(2)도시미관조성을 위하여 건축물의 높이규모등을 제한
①중심미관지구	①토지이용도가 높은 지역의 미관을 유지 · 관리
②역사문화미관지구	②문화재와 보존가치가 큰 건축물 등의 미관을 유지 · 관리
③일반미관지구	③중심미관 및 역사문화미관이외의 곳의 미관을 유지
(3) 고도지구	(3)도시토지의 고도이용을 위하여 건축물의 높이를 제한
①최고고도지구	①도시환경과 경관보호, 과밀방지 위해 최고한도 정함
②최저고도지구	②토지이용 고도화, 도시경관 보호위해 최저한도 정함
(4) 방화지구	(4)화재의 위험을 예방
(5) 방재지구	(5)풍수해, 산사태, 지반의 붕괴 기타 재해의 예방
(6) 보존지구	(6)문화재, 중요시설물 및 보존가치가 큰 지역의 보호 · 보존
①역사문화환경보존지구	①문화재와 문화적으로 보존가치 큰 지역의 보호 · 보존
②중요시설물보존지구	②국방상 또는 안보상의 중요한 시설물의 보호와 보존
③생태계보존지구	③동식물서식처등 생태적 보존가치 큰 지역의 보호 · 보존
(7)시설보호지구	(7)학교, 항만, 공용시설, 공항시설의 보호
①학교시설보호지구	①학교의 교육환경을 보호 · 유지
②공용시설보호지구	②공용시설을 보호하고 공공업무기능을 효율화
③항만시설보호지구	③항만기능을 효율화하고 항만시설의 관리 · 운영
④공항시설보호지구	④공항시설의 보호와 항공기의 안전운항
(8) 취락지구	(8)녹지지역 등과 개발제한구역안의 취락을 정비
①자연취락지구	①녹지지역 등의 취락을 정비하기 위한 지구
②집단취락지구	②개발제한구역안의 취락을 정비하기 위한 지구
(9) 개발진흥지구	(9)주 · 상 · 공 · 유통물류 · 관광 · 휴양기능의 개발 · 정비
①주거개발진흥지구	①주거기능을 중심으로 개발 · 정비
②산업유통개발진흥지구	②공업 및 유통 · 물류기능을 중심으로 개발 · 정비
③관광휴양개발진흥지구	③관광 · 휴양기능을 중심으로 개발 · 정비
④복합개발진흥지구	④위의 2가지 이상의 기능을 중심으로 개발 · 정비
⑤특정개발진흥지구	⑤위의 기능 외의 기능을 중심으로 특정목적을 개발 · 정비
(10) 특정용도제한	(10)주거기능, 청소년 보호등을 목적으로 특정시설입지를 제한

〈용도 지구〉

구 역 명	지 정 목 적
개발제한구역	· 도시의 무질서한 확산방지와 도시주변 자연환경 보전
시가화 조정구역	· 무질서한 시가화를 방지하고 계획적, 단계적 도시개발 도모
수산자원보호구역	· 수산자원의 보호 · 육성
도시자연공원구역	· 도시의 자연환경 및 경관을 보호하고 도시민에게 건전한 여가 · 휴식공간을 제공

차. 기타 건폐율 및 용적률의 세분

지구 · 구역 · 단지	건 폐 율		용 적 률	
	법정 건폐율	시행령상 건폐율	법정 용적률	시행령상 용적률
취락지구	80%이하	60%이하 (자연취락지구에 한함)		
개발진흥지구 (도시지역 외의 지역)	〃	40%이하	200%이하	100%이하
수산자원보호구역	〃	40%이하	〃	80%이하
자연공원	〃	60%이하	〃	100%이하
농공단지	〃	70%이하	〃	150%이하 (도시지역 외의 지역)
국가 및 일반산업단지 등 (공업지역내)	〃	80%이하		

〈용도 구역〉

3) 토지 선정 기준 3가지

앞에서 토지용어를 배웠다. 이제 토지 투자를 위한 '토지 선정 기준'에 대해 알아보겠다.

(1) 개발계획에 따른 유망 지역 선정

정부에서는 2040년까지 국토를 개발에 관한 '국토종합계획'을 발표했다. 즉 국토종합계획을 기반으로 지자체를 선택하고, 지자체에서 만든 도시계획으로 지역을 선택할 수 있다. 또한, 정부가 수시로 발표하는 개발 정책도 확인해야 한다. 개발 특구, 산업단지 지정, 특화단지 지정 등을 통해 해당 지역이 크게 발전할 수 있기 때문이다.

(2) 인구가 증가하며 도로가 뚫려있는 토지

인구가 증가하는 지역을 선택해야 한다. 혁신도시 지정으로 공기업이 이전하거나 산업단지가 들어서고, 대기업 공장이 지어져서 일자리가 생기면 인구가 늘어난다.

또한, 도로를 눈여겨 살피되 '국도, 고속국도, 지방도' 순으로 보자. 국도는 어디에서든 진입과 진출이 가능하지만, 고속국도는 IC가 있어야 하기 때문이다. 이를 위해 정부에서 발표한 국도 국지도 개발계획, 국가기간 교통망 계획 등을 참조하면 좋다.

(3) IC, 시청(군청), 개발지 인근 토지

국가에서 IC를 만들고 고속국도를 연결하려는 이유는 해당 지역에 향후 교통 수요가 있기 때문이다. 대기업이 입주하는 산업단지나 사람들이 많이 사는 주거지역을 만들려면 IC를 필수로 만들어야 한다. 따라서 IC 인근은 개발될 가능성이 높다.

군청, 구청, 시청은 행정의 중심으로 인구가 늘어나 계속 확장된다. 그 외 신도시, 새로운 산업단지나 특화단지가 지정되는 개발지 주변의 인근 토지도 향후 개발 가능성이 높다.

◉국토교통부고시 제2021-1106호

제5차 국도국지도 건설계획

「도로법」 제6조제7항 및 같은법 시행규칙 제3조에 따라 제5차 국도·국지도 건설계획('21 ~ '25)을 수립하여 다음과 같이 고시합니다.

2021년 9월 30일

국토교통부장관

□ **일반국도 계획(안) : 65개 구간**

○ **신설 및 확장 사업**(28개 구간)

연번	구간명	지역	노선	시설 규모	연장 (km)	사업비 (억원)	비고
1	밀양 부북-상동	경남	58	2신설	5.3	719	
2	남해 서면-여수 신덕	경남	77	4신설	7.3	6,824	
3	천안 목천-삼룡	충남	1	6확장	4.3	639	
4	성주 선남-대구 다사	경북	30	6확장	9.5	1,395	
5	고창 해리-부안 변산	전북	77	2신설	8.9	3,390	
6	경주 외동 녹동-문산	경북	14	4확장	4.4	571	
7	신안 비금-암태	전남	2	2신설	10.4	3,827	
8	평택 팽성 추팔-신궁	경기	45	6확장	1.5	198	
9	안동 풍산-서후	경북	34	6확장	11.2	1,776	
10	여주 대신-양평 개군	경기	37	4확장	11.8	942	
11	밀양 부북-상남	경남	25	4신설	1.8	385	
12	서산 대산 독곶-대로	충남	38	4확장	4.3	522	
13	울주 범서-경주 외동	경남	14	4확장	6.4	890	
14	예산 고덕-당진 합덕	충남	40	4확장	4.9	472	
15	용인 처인 평창-양지	경기	17	6확장	3.1	399	
16	공주 신풍-유구	충남	39	2신설	4.4	409	
17	밀양 삼랑진 삼랑-삼랑	경남	58	4확장	0.6	244	
18	아산 송악 유곡-역촌	충남	39	4확장	4.0	618	
19	청주 남이 부용외천-양촌	충북	17	6확장	8.0	1,482	
20	제천 봉양-원주 신림	강원	5	4확장	10.7	1,798	
21	의령 의령-정곡	경남	20	4확장	9.3	971	
22	논산 강경-채운	충남	23	4확장	2.6	544	
23	여주 점동-이천 장호원2	경기	37	2신설	3.2	491	
24	대구 옵내-칠곡 동명	경북	5	6확장	2.1	316	
25	남해 삼동-창선	경남	3	4확장	11.1	1,656	
26	거창 거창 송정-대평	경남	24	4신설	3.0	439	
27	괴산 괴산-감물	충북	19	2신설	2.4	302	
28	밀양 부북 오례-운전	경남	58	4확장	1.9	263	
총계					158.4	32,482	

※ 필요시 설계 등 과정에서 차로수 등 적정 사업규모 재검토

◇핵심 요약 | 토지 투자 방법◇

토지 투자는 다음 6가지 순서로 이루어진다.

(1) 경매, 공매를 통해 매물 확인
(2) 등기부등본, 토지대장, 지적도, 토지이용계획확인원으로 토지정보 확인
(3) 토지이음, 산지정보시스템, 임업정보다드림, 네이버지도로 온라인 임장
(4) 현장 임장 및 중개사, 마을주민을 통해 확인
(5) 투자여부 결정
(6) 경매, 공매를 통해 토지 매입 및 향후 매각

토지 투자는 최소 4~5년 정도를 바라보고 진행한다. 그러니 조급한 마음을 버리자. 또한, 토지 투자는 주식이나 코인, 아파트 투자와는 전혀 다르다. 확인할 서류도 많고, 직접 몸으로 뛰어야 한다. 토지 투자를 공부하고, 노력한다면 반드시 여러분을 부자로 만들어 줄 것이다.

8

아파트 대체, 오피스텔 투자

오피스텔은 매달 고정적으로 월세를 받는 수익형 부동산이다. 역세권에 위치하고, 시설도 깔끔해서 대학생과 직장인에게 인기가 항상 많다. 2016년부터 중대형 오피스텔이 유행하기 시작했는데 아파트와 동일한 시설과 구조를 갖추었고, 역세권에 있어서 청년층과 신혼부부가 선호하고 있다.

수익형 부동산과 아파트를 대체할 수 있는 오피스텔 투자에 대해 알아보자.

1) 중대형 오피스텔? 아파텔?

오피스텔(Officetel)은 오피스(Office)와 호텔(Hotel)의 합성어로, 업무와 주거를 동시에 할 수 있는 건물이다. 원룸, 투룸 등 '소형 오피스텔'은 대학생과 직장인에게 인기가 많으며, 일반회사의 소형 사무실이나 직원 기숙사로도 활용되고 있다.

다음은 최근에 나오는 오피스텔의 평면도와 커뮤니티 시설이다.

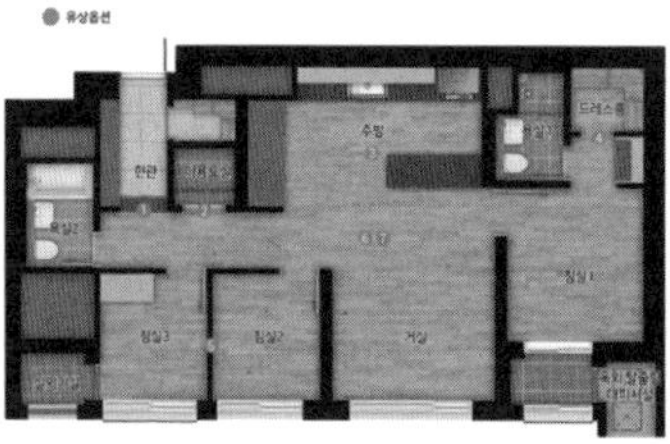

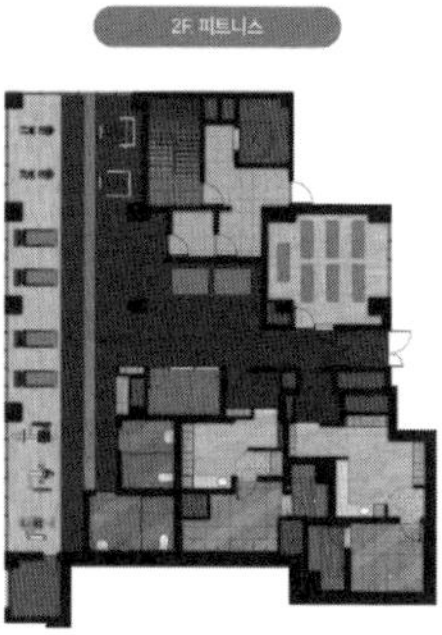

침실 3개와 거실이 일렬로 배치된 4베이 구조로, 아파트와 크게 차이가 없다. 커뮤니티 시설도 아이들 실내놀이터, 피트니스 센터, 독서실, 게스트룸, 북카페 등이 갖추어져 있다.

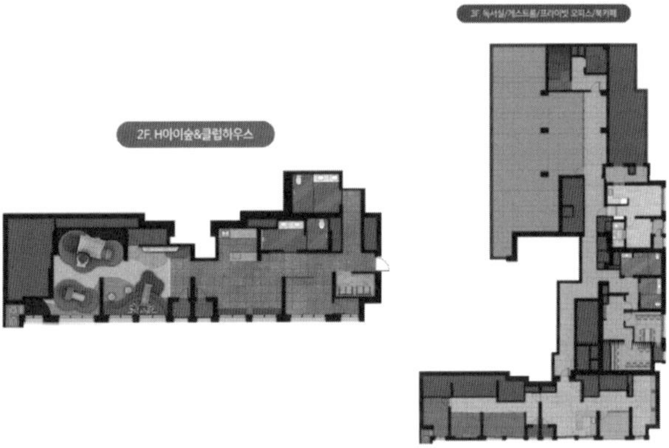

2) 오피스텔의 장단점

오피스텔의 장점은 청약통장이 필요 없고, 대출 한도가 많이 나오며, 주택 청약에서 무주택으로 인정받아 가점을 쌓을 수 있다는 점이다. 오피스텔 청약은 청약통장이 필요 없다.

또한, 오피스텔은 주택담보대출이 아니라 상업용 부동산 대출로 이루어져서 대출 한도가 주택에 비해 높은 편이다. 무주택자가 오피스텔에 거주하면 청약할 때 무주택으로 인정받는다.

그러나 오피스텔의 3가지 단점이 있다. ①오피스텔 취득세는 주택 취득세(1~3%)보다 높은 4.6%를 납부해야 한다. 그리고 ②소유한 오피스텔이 주거용 오피스텔로 인정되는 경우, 다른 주택을 소유하고 있다면 종부세 부과 및 양도세 중과의 대상이 될 수 있다. ③오피스텔은 주택이 아니므로 보금자리론 같은 정부의 저금리 주택담보대출을 이용할 수 없다.

오피스텔의 장단점을 충분히 이해하고 투자를 결정해야 한다.

3) 오피스텔 투자의 기준

오피스텔 투자 결정했다면 다음 4가지 기준을 만족하는 오피스텔에 투자해야 한다. ①역세권에 있고, ②브랜드가 있으며, ③많은 세대수와 커뮤니티 시설이 잘되어 있고, ④향후 위치한 지역에 호재가 있어야 한다.

하나씩 자세하게 알아보겠다.

첫째, 오피스텔이 역세권에 위치해야 한다.

직장인과 학생들이 오피스텔을 선호하는 이유는 교통이 편리해서다. 오피스텔이 역세권에 있지 않으면 아파트나 다른 주택보다 메리트가 없다. 따라서 역으로부터 도보 5분 이내에 있는 오피스텔에 투자해야 수요가 많고, 임대료도 잘 받을 수 있다.

둘째, 브랜드가 있는 오피스텔이어야 한다.

브랜드가 있어야 인식도 좋고, 임대나 매매가 잘 나가게 된다. 또 브랜드를 가진 대기업 건설사가 다른 건설사보다 건축 노하우와 운영능력이 있어서 오피스텔을 안전하고 튼튼하게 지을 확률이 높다.

셋째, 세대수가 많고 커뮤니티나 편의시설이 잘 갖춰 있어야 한다.

세대수가 많을수록 관리비가 절감되며, 많은 편의시설과 공용시설을 갖출 수 있다. 주차대수, 피트니스 센터, 독서실, 골프 연습장 등 아파트 커뮤니티 시설과 비교해도 떨어지지 않는 편의시설이 갖춰져야 투자할 만한 오피스텔로 볼 수 있다.

넷째, 오피스텔이 위치한 지역에 부동산 호재가 있어야 한다.

산업단지 지정, 대기업 유치, 지하철 건설 등 부동산 호재가 있다면 많은 인구가 유입되고, 오피스텔의 가치가 올라간다.

◈

지금까지 오피스텔의 정의부터 오피스텔 장단점, 오피스텔 투자기준에 대해 알아보았다. 오피스텔은 상업용 건물과 주택의 특징을 모두 가지고 있으므로 투자에 유의해야 한다.

9

조심해야 할 부동산 투자 3가지

1) 지식산업센터

최근 지식산업센터 대규모 공급으로 인해 임대료와 매매 가격이 크게 하락하고 있다. 지식산업센터 투자는 주택이나 상가, 오피스텔 투자보다 어렵다. 그러니 정말 조심해서 투자해야 한다. 지식산업센터에 대해 자세히 알아보자.

지식산업센터란 IT, 제조업, 벤처기업 등을 운영하는 기업과 지원시설이 함께 입주할 수 있는 건물이다. 기업이 입주할 수 있는 사무실과 기업이 이용할 수 있는 은행, 카페, 편의점 등 지원시설과 주차장으로 구성되어 있다.

지식산업센터는 '사무실'과 '지원시설'로 구분한다. 사무실에는 지식산업센터 입주 가능 업종인 제조업, 지식산업, 정보통신업, 벤처기업만 입주할 수 있다. 지원시설은 은행, 변호사, 세무사, 중개사 사무실, 편의점, 카페 등 기업운영에 필요한 지원시설이 들어올 수 있다.

□ **입주가능시설**(산업집적활성화 및 공장설립에 관한 법률 제28조의5)

○ **산업시설**

① **(제조업)** 한국표준산업분류에 따른 제조업(**한국표준산업분류번호 10~34)** * **도시형공장에 한함**

② **(지식산업)**

구분	한국표준산업분류번호	업종명		
연구개발업	70111	물리, 화학 및 생물학 연구개발업	70129	기타 공학 연구개발업
	70112	농림수산학 및 수의학 연구개발업	70130	자연과학 및 공학 융합 연구개발업
	70113	의학 및 약학 연구개발업	70201	경제 및 경영학 연구 개발업
	70119	기타 자연과학 연구개발업	70209	기타 인문 및 사회과학 연구개발업
	70121	전기·전자공학 연구개발업		
건축기술, 엔지니어링 및 기타 과학기술 서비스업	72111	건축설계 및 관련 서비스업	72919	기타 기술 시험, 검사 및 분석업
	72112	도시계획 및 조경설계 서비스업	72921	측량업
	72121	건물 및 토목 엔지니어링 서비스업	72922	제도업
	72122	환경 관련 엔지니어링 서비스업	72923	지질조사 및 탐사업
	72129	기타 엔지니어링 서비스업	72924	지도 제작업
	72911	물질성분 검사 및 분석업		
광고물 작성업	71393	광고물 문안, 도안, 설계 등 작성업		
영화,비디오물 및 방송프로그램 제작업	59111	일반 영화 및 비디오물 제작업	59113	광고 영화 및 비디오물 제작업
	59112	애니메이션 영화 및 비디오물 제작업	59114	방송 프로그램 제작업
출판업	58111	교과서 및 학습 서적 출판업	58122	잡지 및 정기간행물 발행업
	58112	만화 출판업	58123	정기 광고 간행물 발행업
	58113	일반 서적 출판업	58190	기타 인쇄물 출판업
	58121	신문 발행업		
전문디자인업	73201	인테리어 디자인업	73203	시각 디자인업
	73202	제품 디자인업	73209	패션, 섬유류 및 기타 전문 디자인업
포장 및 충전업	75994	포장 및 충전업		
교육 서비스업	다음 중 어느 하나에 해당하는 교육서비스업 1. 「근로자직업능력 개발법」 제2조제3호에 따른 직업능력개발훈련시설에서 운영하는 경우 2. 제3호 각 목의 요건을 모두 갖춘 대학의 경우 3. 「대학설립·운영 규정」 제2조의7에 따라 산업단지 안에서 운영하는 대학의 경우			
경영컨설팅업	71531	경영컨설팅업		
번역 및 통역 서비스업	73902	번역 및 통역 서비스업		
전시 및 행사 대행업	75992	전시, 컨벤션 및 행사 대행업		
환경 정화 및 복원업	39001	토양 및 지하수 정화업	39009	기타 환경 정화 및 복원업
영화,비디오물 및 방송프로그램 제작 관련 서비스업	59120	영화, 비디오물 및 방송프로그램 제작 관련 서비스업		
음악 및 기타 오디오물 출판업	59201	음악 및 기타 오디오물 출판업		
시장조사 및 여론조사업	71400	시장조사 및 여론조사업		
사업 및 무형 재산권 중개업	73903	사업 및 무형 재산권 중개업		
물품감정, 계량 및 견본 추출업	73904	물품감정, 계량 및 견본 추출업		
무형재산권 임대업	76400	무형재산권 임대업		
광고대행업	71310	광고 대행업		
옥외 및 전시 광고업	71391	옥외 및 전시 광고업		
사업시설 유지관리 서비스업	74100	사업시설 유지·관리 서비스업		
보안시스템 서비스업	75320	보안시스템 서비스업		
콜센터 및 텔레 마케팅 서비스업	75991	콜센터 및 텔레마케팅 서비스업		
이러닝(전자학습)산업	이러닝 산업[이러닝사업법 제2조제3호가목에 따른 업(7호(출판업), 10호(교육서비스업), 정보통신산업에 따른 산업을 경영하는 입주기업체가 운영하는 경우로 한정)]			

③ **(정보·통신산업)**

구분	한국표준산업분류번호 | 업종명			
컴퓨터 프로그래밍, 시스템 통합 및 관리업	62010	컴퓨터 프로그래밍 서비스업	62022	컴퓨터시설 관리업
	62021	컴퓨터시스템 통합 자문 및 구축 서비스업	62090	기타 정보기술 및 컴퓨터 운영 관련 서비스업
소프트웨어 개발 및 공급업	58211	유선 온라인 게임 소프트웨어 개발 및 공급업	58221	시스템 소프트웨어 개발 및 공급업
	58212	모바일 게임 소프트웨어 개발 및 공급업	58222	응용소프트웨어 개발 및 공급업
	58219	기타 게임 소프트웨어 개발 및 공급업		
자료처리, 호스팅 및 관련 서비스업	63111	자료 처리업	63112	호스팅 및 관련 서비스업
데이터베이스 및 온라인 정보제공업	63991	데이터베이스 및 온라인정보 제공업		
전기 통신업	61210	유선통신업	61291	통신 재판매업
	61220	무선 및 위성통신업	61299	그 외 기타 전기 통신업

④ **(벤처기업을 운영하기 위한 시설)** 벤처기업육성에 관한 특별조치법 제2조제1항에 따른 벤처기업을 운영하기 위한 시설

(1) 지식산업센터 투자 기준 4가지

지식산업센터 투자에 성공하기 위해서는 4가지 기준을 만족해야 한다.

첫째, 서울에 있고, 주변에 상업 시설이 많아야 한다.

대한민국 기업의 중심은 서울이다. 기업의 21%, 종사자 수의 25%가 서울에 있다. 특히 지식산업센터에 입주할 수 있는 기업은 정보통신업, 벤처기업, 제조업, 지식산업 기업들이다. 이러한 기업은 대부분 서울과 수도권에 있다.

따라서 서울에 있는 지식산업센터에 투자해야 분양가나 매매가 이하로 가격이 내려가지 않고, 임차인을 쉽게 구할 수 있다. 또한, 지식산업센터 주변에 상권이

잘 형성되어 있어야 한다.

둘째, 지하철 10분 거리 초역세권에 있어야 한다.

지식산업센터는 기본적으로 사무실이기 때문에 직원들의 출퇴근이 편리한 역세권에 위치해야 한다. 기업을 경영하는 대표나 사장도 인재 영입과 직원 출퇴근을 위해 초역세권에 있는 지식산업센터를 우선으로 고려한다.

셋째, 연면적은 크고 전용률은 작아야 한다.

연면적이 클수록 로비, 휴게공간, 테라스, 옥상공원 등 공용시설을 잘 갖출 수 있다. 전용률은 낮을수록 주차장 같은 공용면적이 많아져 입주자의 만족도가 올라간다.

넷째, 휴게공간과 시설 관리가 잘 돼야 한다.

건물 계단과 주차장 관리, 엘리베이터, 휴게공간 및 시설 관리가 잘 되어있는지 확인해야 한다. 지식산업센터 내부 사무실의 창문과 화장실 관리상태를 파악하면 전체적인 건물의 분위기를 알 수 있다. 시설 관리가 잘 되는 곳은 확실히 깔끔하다.

(2) 지식산업센터 투자 방법

지식산업센터는 상업 시설이므로 4.6%의 취득세가 발생한다. 분양가의 80%까지 대출할 수 있어서 분양 투자를 할지, 매매 투자를 할지 결정하는 것이 중요하다. 그러나 서울 지역 지식산업센터는 분양 가격과 매매 가격이 너무 오른 상황이다. 따라서 분양가가 평당 3,000만 원 이상이면 분양보다는 매매로 진행하는 것이 좋다.

지식산업센터 중 실거래가나 매매 가격보다 저렴한 매물에 투자해야 한다. 지식산업센터는 투자에 정말 조심해야 하는 부동산이다. 건물의 용도가 기업을 위한 사무실로 한정되어 있어서 수요자가 기업밖에 없다.

더군다나 지식산업센터 투자는 굉장히 난이도가 높은 투자처다. 그러니 부동산 초보나 사회초년생은 아파트, 빌라 등 '내 집 마련'을 최우선으로 완료하고, 이후 지식산업센터 투자를 고려해도 늦지 않는다. 또한, 대출이 80% 나온다고 무리해서 투자하면 절대 안 된다.

2) 생활형 숙박 시설

부동산 투자 열풍으로 2018년부터 2022년까지 건설된 생활형 숙박 시설은 10만 개가 넘고, 수만 명이 분양받았다. 그러나 2025년부터 생활형 숙박 시설에 거주하면 이행강제금이 부과된다. 주택으로 사용할 수 없고, 벌금이 부과되기 때문에 가격이 크게 하락했으며, 투자자들이 엄청나게 고생을 하고 있다.

생활형 숙박 시설에 대해 자세히 알아보자.

생활형 숙박 시설은 숙박업을 위한 영업 시설이다. 공중위생관리법에서는 생활형 숙박 시설을 '숙박업 신고 필수 시설'로 규정하고 있다. 즉 영업 시설이기 때문에 주택으로 사용할 수 없고, 주택 수에 포함되지 않는다.

(1) 생활형 숙박 시설의 문제점

생활형 숙박 시설을 주택으로 사용하면, 건축법 위반으로 매년 최대 2회까지 이행강제금을 납부해야 한다. 이행강제금을 납부하지 않으면 해당 지자체에서 재산을 압류하며, 압류 재산은 공매로 처분한다.

정부는 2021년 10월 14일 생활형 숙박 시설을 주거용으로 사용할 수 있는 오피스텔로 전환할 수 있도록 안내했다. 그러나 생활형 숙박 시설을 오피스텔로 전환하는 것은 실제로 매우 어렵다. 생활형 숙박 시설이 있는 토지의 지구단위계획을 오피스텔이 지어질 수 있도록 변경해야 하기 때문이다.

또한, 분양자 100%가 오피스텔 전환에 동의해야 하고, 오피스텔에 맞는 주차대수를 확보하기 위해 주차장을 늘려야 한다. 심지어 숙박 시설로 활용하려면 최소 30개의 객실을 소유한 위탁업체나 일반임대사업자를 등록한 업체가 숙박업을 등록해서 운영해야 한다.

생활형 숙박 시설 투자는 정말 조심해야 한다. 사회초년생은 일단 조심하고, 또 조심하는 것이 좋다.

3) 지역주택조합

인터넷이나 신문에서 저렴한 분양가로 아파트를 분양받을 수 있다는 광고를 본 적이 있을 것이다. 자세히 살펴보면 작은 글씨로 '지역주택조합'임을 알 수 있다. 지역주택조합은 절대로 투자해서는 안 된다. 지역주택조합 사기 사건이 너무 많아서 '지역주택조합은 원수에게 권한다'라는 말이 있을 정도다.

이런 지역주택조합에 대해 알아보자.

(1) 지역주택조합이 모든 사업을 책임진다

일반적인 주택 청약이나 분양은 건설사나 전문 개발업체, 부동산 신탁사가 건설 사업을 주도한다. 그러나 지역주택조합은 지역주민들이 주택 마련을 위해 설립

한 조합이다. 그런데 토지 확보부터 사업계획 승인, 지자체 승인, 정부 승인, 건설사 선정, 시공 등 모든 절차를 지역주택조합이 진행한다.

한마디로 지역주택조합이 모든 역할을 책임지고 진행하는 구조다.

(2) 지역주택조합의 사업 절차

지역주택조합의 사업 절차는 **[조합원 모집 신고 → 조합원 모집 → 조합 설립 인가 → 사업계획 승인 → 착공 → 사용검사 → 조합 해산/청산]**으로 이루어져 있다.

조합원 모집 신고부터 조합원 모집, 조합설립인가까지는 토지의 80% 이상에 대한 동의와 토지의 15%만 확보하면 되기 때문에 순조롭게 진행될 수 있다. 실제로 토지를 마련하는 것이 아니라 동의만 80%를 받으면 되기 때문이다.

그러나 조합설립 인가를 완료하고, 사업계획 승인이 되지 않는 곳이 대부분이다. 사업계획 승인은 토지의 95%를 실제로 확보해야 하기 때문이다. 토지 이용 동의만 80% 이상 받아서 조합원을 모집하고 조합설립은 했지만, 토지를 실제로 95% 확보하기는 매우 어렵다.

(3) 지역주택조합의 문제점

지역주택조합의 성공률은 5% 미만이라고 한다. 즉 수천만 원의 재산을 투자해도 100곳 중 5곳도 성공하기 어렵다는 뜻이다. 지역주택조합은 조합장을 비롯한 조합운영업체가 조합원들이 낸 계약금과 분담금을 횡령하거나 배임하는 경우가 많다.

심지어 지역주택조합에 가입하면 탈퇴가 어렵다. 탈퇴하면 가입할 때 납부한 계약금과 중도금 분담금을 한 푼도 받을 수 없다. 설령 사업이 순항하더라도 건설사에서 추가 분담금을 청구하면 무조건 납부해야 한다. 건설 사업의 책임은 조합과 조합원에게 100% 있기 때문이다.

따라서 지역주택조합은 정말 조심해야 하는 부동산 투자처다.

성공의 문을 여는 마스터키

"이렇게까지 해야 할까?"
그 순간이 당신이 부자가 될 수 있는 시점이다.
부자가 되기 위해서는 완전히 집중해서
당신의 시간과 노력을 쏟아부어야 한다.

스스로 자괴감이 들고 힘들 때 포기하지 마라.
지치면 잠깐 휴식을 취하자.
그리고 다시 마음을 가다듬고 나아가자.
그 순간 당신의 기회가 열린다.

제4장

부자가 되는
세 번째 열쇠:
가상화폐

1

왜 비트코인과 이더리움인가?

'가상화폐'는 투자 상품으로 매우 위험성이 크다. 많은 가상화폐가 홍보와 마케팅으로 투자자를 유혹해 금전적으로 엄청난 손실은 보았다. 예를 들어 시총 5위를 기록했던 테라코인(TERA)은 11만 원에서 1원으로 가격이 99.9% 폭락했다. 그러니 남들 따라 무턱대고 투자하지 말고, 가상화폐의 위험성을 인지하고 조심해야 한다.

그러나 '비트코인(Bitcoin, BTC)'과 '이더리움(Ethereum, ETH)'은 예외이다. 비트코인과 이더리움은 매달 투자해야 한다. 왜냐하면, 비트코인과 이더리움은 지난 10년 동안 충분히 그 가치를 증명했고, 수많은 부자를 만들

었기 때문이다.

비트코인은 처음에 78원에서 7,000만 원으로, 이더리움은 400원에서 310만 원으로 가격이 상승했다. 무려 비트코인은 90만 배 상승, 이더리움은 9,750배 상승했으며, 장기적으로 가격이 우상향하고 있다. 따라서 매달 비트코인과 이더리움에 투자하고 모아간다면 큰 수익을 볼 수 있다.

그렇다면 도대체 비트코인과 이더리움은 무엇인지 자세하게 설명하겠다.

1) 최초의 가상화폐, 비트코인

비트코인은 세계 최초의 가상화폐로 지난 2008년, 사토시 나카모토(Satoshi Nakamoto)라는 익명의 프로그래머가 비트코인 백서[15]를 발표했다. 그리고 2009년에 비트코인이 처음 발행되었다. 2010년에 비트코인 첫 거래[16]가 이루어졌는데, 당시 비트코인의 가치는 2.7원이

15. 백서(White Paper)는 암호화폐의 목적, 기능, 기술 등 가상화폐 사업계획서(투자설명서)를 의미한다.

16. 2010년, 미국 플로리다에서 비트코인 1만 개로 피자 2판을 구매한 것이 비트코인의 첫 거래이다.

었다. 그러나 13년이 지난 현재 비트코인은 7,000만 원을 돌파했다.

게다가 2024년 1월 10일 미국 정부가 비트코인 ETF를 승인하면서 명실상부한 투자 자산으로 인정받게 되었다. 아무 가치도 없고, 도박이라고 무시 받았던 비트코인은 어떻게 미국 정부와 많은 사람으로부터 인정받을 수 있었을까? 바로 비트코인의 세가지 특징 때문이다.

(1) 비트코인의 3가지 특징

첫째, 공급이 2,100만 개로 제한되어 있다.

가격이 상승하고, 가치가 올라가면 누구라도 비트코인을 갖고 싶어 한다. 그러나 수요가 증가해도 공급이 2,100만 개로 제한되어 있어서 비트코인의 가격이 상승할 수밖에 없다. 반면 도지코인(DOGE) 등 다른 가상화폐들은 무제한으로 발행할 수 있다. 수요가 많아지더라도 공급이 많다면, 코인 가격은 오르지 않고 장기적으로 하락할 수밖에 없다.

둘째, 제3자 없이 신뢰를 바탕으로 거래할 수 있다.

비트코인은 블록체인[17](Blockchain)을 기반으로 만들어졌다. 모든 사용자가 비트코인 장부를 공유하고, 언제든지 거래 기록을 확인할 수 있다. 그리고 비트코인은 해킹이나 위 · 변조가 불가능하다. 또한, 정부나 은행 마음대로 비트코인을 관리하거나 조종할 수도 없다. 달러, 금, 은, 부동산, 주식, 채권 등 우리가 알고 있는 모든 자산은 정부나 금융기관이 관리할 수 있지만, 비트코인은 누구도 손댈 수 없는 유일한 자산이다.

셋째, 독립적이면서 중립적이다.

이더리움은 부테린(Vitalik Buterin)과 이더리움 재단, 에이다(ADA)는 호스킨슨(Charles Hoskinson)과 에이다 재단, 솔라나(SOL)는 야코벤코(Anatoly Yakovenko)와 솔라나 재단이 있다. 알트코인(Altcoin, 비트코인을 제외한 다른 암호화폐)은 모두 창업자와 해당 재단이 있다. 그러나 비트코인은 개발자도 알 수 없고, 2010년 이후 자취를 완전히 감추었으며 사라졌다. 즉 비트코인에 영향을 미치는

17. 비트코인은 블록체인 기술이 처음으로 상용화된 최초의 사례다.

인물이나 재단이 없다. 그래서 비트코인은 유일하게 독립적이면서 중립적인 가상화폐다.

(2) 비트코인의 가격 전망

2024년 2월, 비트코인은 시가총액 1조 달러(1,335조 5,000억 원)를 돌파했으며, 7,000만 원을 넘었다. 영국 대형은행 스탠다드차타드를 비롯한 주요 금융기관들은 2025년까지 2억 원에 도달할 것으로 전망한다. 도대체 어떤 이유와 근거로 2년 내 비트코인이 2억 원을 돌파할 수 있다고 예측했을까? 바로 '비트코인 ETF 승인'과 '반감기' 때문이다.

■ 비트코인 ETF 승인

2024년 1월 10일, 미국 정부는 비트코인 ETF를 승인했다. 그리고 블랙록, 피델리티 등 미국 운용사 11개가 비트코인 ETF를 출시했다. 투자자가 비트코인 ETF를 투자하는 만큼 운용사는 비트코인을 매입해야 한다. 따라서 많은 기관이 비트코인에 수많은 자금이 유입될 것으로 예측하고 있다.

예를 들어 영국 스탠다드차타드 은행은 2024년에만 최대 1,000억 달러(131조 원), NH투자증권은 100~3,000억 달러(396조 원), 신영증권은 1,120억달러(147조 원) 자금 유입을 예측했다. 이러한 자금 규모는 비트코인 시가총액의 10~30%에 해당하는 금액이다.

비트코인 ETF처럼 '금 ETF'도 출시 후 금 가격이 7년간 4배 이상 상승했다. 따라서 비트코인 ETF도 비트코인 가격을 상승시킬 확률이 매우 높다.

■ 비트코인 반감기

'비트코인 반감기'는 비트코인 공급량에 따라 비트코인 채굴량이 절반으로 줄어드는 것이다. 비트코인 총발행량은 2,100만 개이며, 채굴업자가 비트코인을 채굴하고 있다.

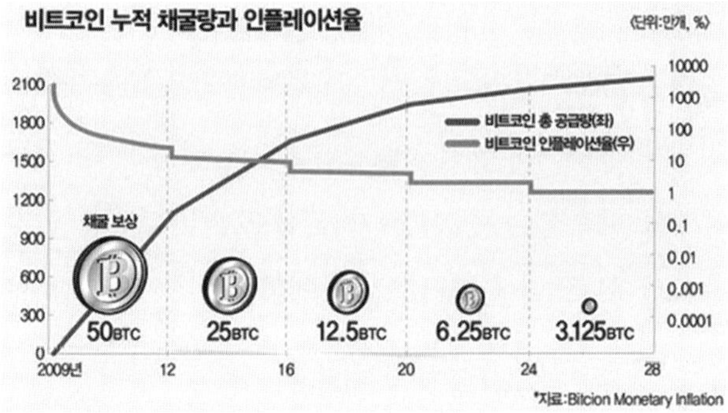

현재 비트코인은 1,900만 개 넘게 채굴되었으며, 채굴량은 6.25개다. 2024년 4월 비트코인 채굴량이 절반으로 줄어드는데, 채굴량이 줄면 비트코인 공급량이 감소하므로 비트코인 가격은 상승할 수밖에 없다.

반감기 이후 1년간 비트코인 성과

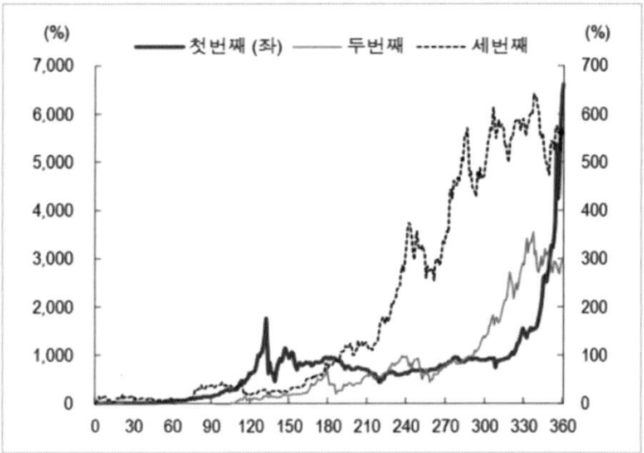

자료: Messari, TradingView, NH투자증권 리서치본부

비트코인은 총 세 번의 반감기가 있었다(2012년 11월, 2016년 7월, 2020년 5월). 그런데 비트코인 반감기 이후에는 여지없이 비트코인 가격이 크게 상승했다. 비트코인 ETF 승인으로 많은 자금이 비트코인으로 유입되며, 비트코인 반감기로 비트코인 공급량이 감소하여 비트코인 가격이 크게 상승할 전망이다.

2) 금융의 혁신, 이더리움

이더리움은 비트코인 다음으로 시가총액이 두 번째로 큰 가상화폐다. 지난 2013년 비탈릭 부테린(Vitalik Buterin)이 이더리움 백서를 발표했으며, 2014년에 이더리움을 발행했다. 이더리움은 스마트 계약과 탈중앙화 어플리케이션이라는 새로운 혁신을 가상화폐 시장에 불러왔다.

비트코인처럼 가치를 저장하고 전달하는 기능뿐만 아니라 계약의 체결과 이행, 그리고 다양한 프로젝트와 어플리케이션을 개발하고 활용할 수 있다. 이더리움의 창립자 부테린은 이더리움 재단을 비영리로 운영하면서 수많은 개발자와 함께 이더리움을 개선하고 있다. 이더리움은 비트코인 다음 명실상부한 제2의 가상화폐로서 인정받았다.

(1) 이더리움의 전망

JP모건, 스탠다드차타드 등 주요 금융기관들은 향후 이더리움 가격이 크게 상승할 것으로 전망한다. 두 가지 이유에서다.

첫째, 이더리움 ETF 승인이다.

미국 정부는 2024년에 이더리움 ETF 심사를 완료해야 한다. 이미 지난 1월 비트코인 ETF를 승인했기 때문에 이더리움 ETF도 승인할 가능성이 크다. 이더리움 ETF가 승인되면, 수많은 투자자와 기관의 자금이 이더리움에 유입되고 이더리움 가격은 상승할 것이다.

둘째, 이더리움의 업그레이드다.

이더리움은 업그레이드를 통해 이더리움을 개선하고 발전시키고 있다. 앞으로 이더리움은 선제적으로 업그레이드하고 리드하며 가상화폐 시장을 장악할 수 있다. 이러한 혁신과 개선 덕분에 많은 기관이 이더리움을 긍정적으로 평가한다.

이더리움은 가상화폐 시장에서 스마트 계약[18]과 어플리케이션 시장을 장악하고 있다. 가상화폐 시장이 다시 살아난다면, 이더리움에서 새로운 어플리케이션과 프로젝트가 추진되고, 많은 투자가 이루어질 수 있다. 따라서 이더리움의 전망은 매우 밝다.

18. 스마트 계약은 서면으로 이루어지던 계약을 블록체인에 탑재하여 조건이 충족되면 자동으로 이행하도록 설정한 계약이다.

2

비트코인과 이더리움 모으기

비트코인과 이더리움 투자는 매달 적립식으로 모아야 한다. 가격에 상관없이 매달 적금처럼 모으면 된다. 가상화폐 거래소에서 매달 비트코인과 이더리움을 매수하라. 가격과 시기 상관없이 월급을 받으면 기계적으로 구매하고 모아라. 그러나 투자자들이 장기적으로 모으지 못하고 단기적인 투자에 그친다. 수시로 '가격'을 확인하기 때문이다.

비트코인과 이더리움은 주식시장과 달리 24시간 운영하므로 가격이 수시로 변동한다. 그런데 투자자들은 앱으로 가격을 확인하다가 조금이라도 상승하거나 하락하면 파는 경우가 많다. 게다가 언론이나 주변 사람들이 부정적으로 이야기하면 팔기도 한다. 이렇게 단기적으로 투자하면 100% 손해 볼 수밖에 없다.

이런 단기투자 습관을 예방하고, 장기로 투자하기 위해서는 '종이 지갑'이나 '콜드월렛'을 추천한다.

1) 종이 지갑 만들기

'종이 지갑'은 오프라인에서 비트코인을 저장하는 안전하고 편리한 방법이다. 디지털 형태가 아니기 때문에 온라인 해킹의 위험성이 없다. 먼저 종이 지갑을 만들기 위해서는 **비트어드레스[bitaddress.org]**에 접속한다.

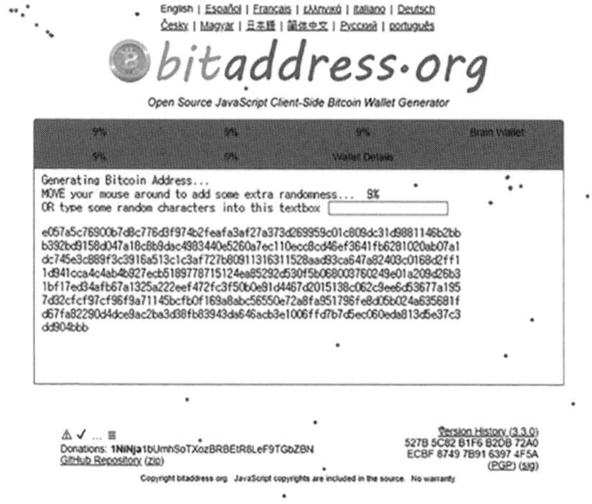

그다음 종이 지갑 주소를 생성해야 하는데, 0%에서 100%가 될 때까지 마우스를 움직인다. 마우스를 움직이면 화면에 초록색 점이 계속 찍히면서 %가 올라간다.

100%가 되면 자동으로 화면이 바뀌면서 비트코인 종이 지갑 주소를 확인할 수 있다. 비트코인 종이 지갑 주소에는 '공개주소'와 '시크릿주소'가 있다. 시크릿주

소는 비트코인을 출금할 때 사용하는 암호다. 그렇기에 혼자만 알아야 하며, 절대로 다른 사람에게 보여주거나 노출하면 안 된다.

종이 지갑 화면을 2장 인쇄하고 바로 화면을 끈다. 화면을 캡처하거나 PDF 파일로 PC에 저장하면 나중에 해킹될 수 있어서다. 종이에 인쇄해서 보관하는 것을 추천한다. 나는 2장을 인쇄하는데 1장은 나만이 알 수 있는 곳에 숨겨놓고, 나머지 1장은 잃어버렸을 때를 대비해 은밀한 곳에 숨겨놓는다.

종이 지갑에서 왼쪽 공개키의 주소나 QR코드를 통해 비트코인을 종이 지갑으로 입금할 수 있다. 거래소에서 비트코인을 구매한 후 종이 지갑으로 전송하면 된다. 반대로 인출할 때는 종이 지갑에서 암호키를 사용하여 거래소로 입금하면 된다.

2) 콜드월렛 활용하기

'콜드월렛(Cold Wallet)'은 USB와 같은 휴대용 저장 장치에 암호화폐를 보관하는 전자지갑이다. 인터넷에 연결하지 않고 공개키와 암호키로 보안을 유지하기 때문에 안전하다. 콜드월렛의 종류로는 프랑스의 나노렛저, 미국의 트레저, 한국의 디센트 월렛이 있다. 어떤 제품을 사용하셔도 무방하다. 참고로 나는 프랑스 나노렛저를 구매해서 사용하고 있다.

콜드월렛을 사용하려면 PC나 노트북에 연결해서 사용하면 된다. 렛저의 경우 렛저라이브라는 프로그램을 설치하고 PC나 노트북에 연결하면 콜드월렛을 이용할 수 있다. 보안을 위해 비밀번호를 설정하고, 비트코인 분실을 대비하여 24개의 단어가 랜덤으로 주어진다.

24개의 단어는 콜드월렛 암호를 분실했을 때 사용하기 때문에 소중히 보관해야 한다.

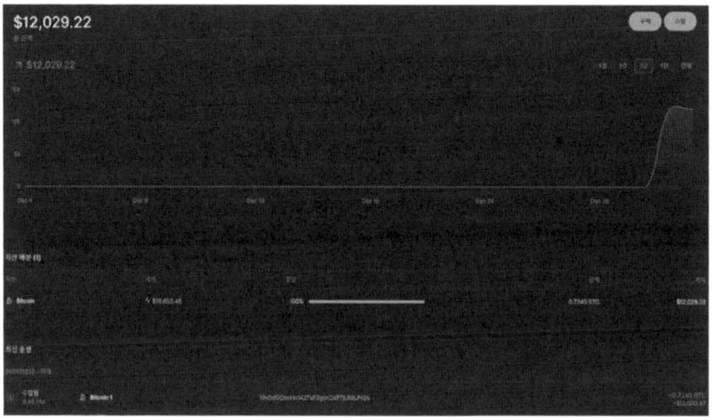

그다음 '설정 완료' 후 비트코인 계정을 추가한다. 이후 '수령'을 눌러주면 비트코인을 받을 수 있는 주소가 생성된다. 이 주소로 거래소에서 콜드월렛으로 비트코인을 송금할 수 있다.

종이지갑과 콜드월렛으로 비트코인과 이더리움을 모으기 위해서는 해외 거래소 계정이 필요하다. 국내 거래소에서 코인을 구매하고 해외거래소로 송금한 다음, 해외거래소에서 종이 지갑이나 콜드월렛으로 비트코인과 이더리움을 송금해야 한다.

단, 국내거래소에서 처음부터 비트코인과 이더리움을 구매해서 해외거래소로 송금하는 것보다 트론, 리플 등 수수료가 적은 코인으로 먼저 국내거래소에서 해외거래소로 송금하는 것을 추천한다. 그리고 해외거래소에서 비트코인과 이더리움을 구매하고 종이지갑과 콜드월렛으로 송금하면 된다.

처음에는 종이 지갑과 콜드월렛을 사용하는 것이 복잡하고 귀찮게 느껴질 수 있다. 그러나 한두 번 사용해보면 익숙해질 것이다. 그러나 종이 지갑이나 콜드월렛에서 모은 비트코인과 이더리움을 출금하는 과정은 복잡하고 귀찮다. 그래서 비트코인과 이더리움을 수시로 팔 수 없고, 결과적으로 잘 모을 수 있게 도와준다. 국내거래소에서 뚝심을 갖고 비트코인과 이더리움을 모으거나 종이 지갑과 콜드월렛을 활용하여 모으길 바란다.

◇

앞에서 설명한 것처럼 나는 매달 비트코인과 이더리움을 구매하고 종이 지갑과 콜드월렛으로 전송하여 비트코인 1개를 모을 수 있었다.

적금을 넣는 것처럼 매월 월급에서 100만 원씩 비트코인을 모았다. 회사에서 성과급이나 상여금이 나오면 비트코인을 추가로 매입했다. 결국 비트코인 1개를 모을 수 있었고 평균 매입 단가는 3,000만 원이다. 현재 비트코인 1개 가격은 1억 원이므로 7천만 원의 수익을 거둘 수 있었다.

여러분도 매달 비트코인과 이더리움을 꾸준히 모은다면 분명히 큰 수익을 볼 수 있다. 매달 적금처럼 비트코인과 이더리움을 모으자.

3

언론과 주변 이야기에 흔들리지 마라

여러분의 친구나 직장에서 비트코인과 이더리움을 모은다고 이야기해보라. 당신의 친구, 동료, 상사 심지어 가족까지 여러분을 비웃거나 무시할 수 있고, 조심해야 한다면서 적금, 주식, 부동산을 추천할 것이다.

나 역시 3년 전 회사에서 비트코인을 모은다고 이야기했더니 회사 동료와 상사들은 크게 비웃으며 이렇게 말했다. "쟤는 비트코인을 모은데. 비트코인이 1억까지 간다며?" 비트코인과 이더리움을 모으는 것은 정말 외롭고 흔들리기 쉽다.

뉴스나 신문 기사에서도 비트코인과 이더리움이 금방 폭락할 것처럼 보도가 쏟아진다. 그리고 워렌버핏,

찰리멍거 같은 부자들도 “비트코인은 역거운 존재”, “비트코인 가치 ‘0’ 될 것”이라며 비트코인에 대한 부정적인 전망을 쏟아낸다.

그러나 비트코인과 이더리움은 미국, 홍콩 등 금융 선진국에서 합법적인 투자 자산으로 인정받았으며 가격으로 십수 년간 가치를 증명했다. 비록 상승장에서 급락하고 하락장에서 급락하지만, 장기적으로 가치가 크게 우상향하고 있다.

비트코인과 이더리움은 믿고 투자해도 좋은 자산이다. 언론과 주변 이야기에 절대 흔들리지 말고 뚝심을 가지고 모아라. 3년만 모으면, 여러분은 다른 사람과 비교도 안 될 만큼 큰 수익을 거둘 수 있다. 회사 동료와 상사 모두 비트코인을 모은다고 비웃었다. 게다가 친한 친구와 가족까지 나에게 전화해서 비트코인을 모으지 말라고 조언했다. 그러나 비트코인이 1억을 도달한 최근에는 나에게 부러운 시선과 눈빛을 보낸다.

비트코인과 이더리움은 모으기 정말 어렵다. 그러나 모으기만 한다면, 모을수만 있다면 여러분은 다른 사람들보다 부자에 가까워질 수 있다.

마치는 글

지금까지 이 책에서 돈을 모으는 방법, 즉 지출 관리부터 주식, 부동산, 가상화폐에 대해 배웠다. 따라서 여러분 모두 부자가 되기 위해 행동할 준비가 되었다고 확신한다. 물론 각 분야에서 좀 더 배우고 연습할 것들이 많이 있다. 하지만 무엇보다 중요한 것은 '행동'이다. 다 배우고 나서 행동하는 게 아닌 먼저 행동하는 게 필요하다.

무일푼에서 억만장자가 된 하브 에커(T. Harv Eker)는 자신의 저서 《백만장자 시크릿》에서 이렇게 말한다.

“가난한 사람은 자신과 자신의 능력을 믿지 않습니다. 그래서 미리 모든 것을 알아야 한다고 생각합니다. 미리 다 알기 전에는 아무것도 시작하지 않습니다. 결국 준비, 발사, 조준의 긍정적인 태도를 지닌 부자들이 행동을 시작하고, 그들이 승리합니다.”

재테크는 공부가 아닌 ‘실전’이다. 그렇기에 주식, 부동산, 코인 중 어떤 분야가 자신에게 잘 맞는지 파악한 후 해당 분야에 몰입해야만 ‘부자의 꿈’을 이뤄낼 수 있다. 목돈을 모으고 재테크에 몰입할 수만 있다면, 누구나 부자가 될 수 있는 것이다.

물론 부자가 되는 과정은 분명히 쉽지 않다. 앞으로 많은 시행착오가 있을 것이며, 실수를 경험하거나 고난을 겪을 수도 있다. 여러분 중 몇몇은 좌절할 수도 있다.

부자들도 처음에는 아무것도 없었다. 단지 그들은 숱한 고난을 이겨내며 목돈을 모으고, 재테크를 통해 마침내 부자가 된 것이다. 그들이 할 수 있다면 우리도 할 수 있다.

"부를 꿈꾸고 헌신하는 사람만이 부자가 된다!"

설령 여러분에게 역경이 닥친다 해도 항상 자기 자신을 믿고 응원하며 끊임없이 나아가기를 바란다. 이 책의 저자인 나도 여러분이 부자가 될 수 있기를 진심으로 응원한다.

남궁엽

지금부터 돈과 친해져 보겠습니다

초판 1쇄 인쇄 2024년 5월 16일
초판 1쇄 발행 2024년 5월 24일

지은이 남궁엽

펴낸이 떠오름
기획 김요한
편집 떠오름
디자인 당아
마케팅 떠오름
영업관리 떠오름

펴낸곳 ㈜떠오름코퍼레이션
출판등록 제2021-000002호(2020년 4월 28일)
주소 서울특별시 성동구 왕십리로 4길 23-1, 3층 302호
전화 070-4036-4586 팩스 02-6305-4923
홈페이지 www.risebooks.co.kr
이메일 official@tteoreumgroup.com

값 17,200원

ISBN 979-11-92372-61-7 03320